知るだけで
100万円安くなる!

令和版・解体工事の新常識

中野達也 著

セルバ出版

はじめに

はじめまして。『一般社団法人あんしん解体業者認定協会』の中野達也と申します。

私は、解体工事の相談窓口である『解体無料見積ガイド』をインターネット上で開設し、お客様のお悩みやご相談に日々お答えして10年以上になります。

〝ブラック〟なイメージが強く根づいた解体業界ですが、窓口を開設した2011年以降、法改正やインターネットの普及といった社会環境の変化により、その姿は大きく様変わりしています。それにもかかわらず、長年お客様と密接に関わり続ける中で、「解体工事に対する強い不安を抱いている方」が依然として多数存在する現実を痛感しております。これが、本書を制作しようと思ったきっかけです。

「解体工事はどのように進めればいいのだろうか」

「解体業者はどのように探せばいいのだろうか」

「見積価格はこれで適切なのだろうか」

「悪徳業者に騙されてはいないだろうか」

「ご近所との関係性は悪くならないだろうか」

そんなお悩みの多くは、「解体工事の実態」を知ることで解決の糸口が掴めます。

解体工事の実態を知っていただくことで、ぼったくり被害や近隣トラブルを防止したり、解体費用を大幅に削減できたり、煩雑な契約や手続をスムーズに進めたりすることができます。

今回「書籍」という形で発信することを決めたのは、「普段インターネットを使わない方々にも情報をお届けしたい」という想いからでした。

また、現在出版されている解体関連の書籍は解体業者に向けた実用書が多く、一般ユーザーへ向けたものがほとんど存在しないことも、出版の後押しになりました。

一般の方が解体工事について詳しくなりたいと望んでも、正確な情報がなかなか得られない現状を打破したい。そんな想いで筆を執りました。

家を壊すことは、家を建てることと同じくらい特別なことです。私どもがお手伝いしたお客様の中には、生前のご主人が戦後に苦労して建てた想い出の詰まった家であったため「本当は、壊したくない……」とおっしゃって涙をこぼす方もいらっしゃいました。

家屋の解体工事は、ほとんどの場合で100万円以上の費用がかかり、多くの労力と時間も必要になります。そして何より、長年住み続けたお家とお別れをする大切な場でもあります。

ぜひ、マイホームを建てるときと同じくらいの気持ちで、解体工事と向き合ってみてください。解体業者の選び方1つで、円満に清々しくお別れすることができます。

本書には、『解体無料見積ガイド』がこれまでの年月で培ってきた経験や知見を詰め込みました。

現在解体工事を考えている方も、将来解体工事が必要になる方も、本書の知識を糧に安心して工事を進められたら幸いです。

2024年9月

中野　達也

知るだけで100万円安くなる！　令和版・解体工事の新常識　目次

第2章　覚えておきたい解体工事の基礎知識

第3章　解体工事を先延ばしにしてはいけない理由

第4章　自分で解体費用を抑える方法

第5章 解体工事の進め方①依頼から着工まで

第6章　解体工事の進め方②着工から工事完了まで

第7章　安心して依頼できる「優良解体業者」の条件とは

第1章

「解体業者」の選び方で、工事の質は劇的に変わる

解体業者を厳選するメリットを知る

本書『知るだけで100万円安くなる！　令和版・解体工事の新常識』は、「解体工事に全く馴染みのない方でも『安心』『安全』『安価』に解体工事を進めてほしい！」という想いのもとで制作されました。

とはいえ、「解体工事って、ただ重機で家を壊すだけでしょ？」「それならどこに頼んだって一緒だよ」と思われるかもしれません。

しかし、解体工事はそんなに単純なものではないのです。

工事の過程ひとつ取っても……自治体への書類申請や近隣への挨拶回り、埃や騒音の対策、廃棄物の細かい分別や土地活用に向けた準備など、その作業は多岐にわたります。

また、解体業者はそれぞれ技術力や経験値、資金や設備などに大きな違いがあり、同じ現場であっても異なる方法で建物を取り壊します。

そういった工事の複雑さや「解体業者のよしあし」を知らないばかりに、依頼者が損をしたり、トラブルに巻き込まれたりしてしまうことがあるのです。

本章では「解体業者による違い」や「解体工事の常識」に着目しながら、解体業者を厳選するメリットをお伝えしたいと思います。

1　解体業者によって見積金額は変わる！ 数百万円の金額差が生まれる理由とは

解体業者によって見積もりはなぜ違うのか

これまで当協会には「解体工事の見積金額が高すぎる」「本当にこの金額で適正なのか？」といったご相談が多く寄せられてきました。そして、厳選した業者で見積もりを比較した結果、94％の方が平均30万円以上の費用を抑えられています。

どうして同じ現場なのに見積金額に大きな差が生まれるのか。それは、解体業者によってそれぞれ「職人の技術」「会社としての経験」「所有する資産や機材」「人員の数や質」が異なるためです。

これらのリソースの違いによって、それぞれの業者には「得意分野」や「苦手分野」が生まれます。そのため、現場や建物の状況によって最適な業者が異なるのです。

また、良心的な業者であれば、依頼主側の負担を軽くするためにできるだけ安価に抑えようと努めてくれます。

実際に、解体業者独自の提案によって費用を抑えられた事例を見てみましょう。

業者独自の提案！　４５０万円の見積もりが１９０万円に

これは、東京都在住である鈴木さん（仮名）のケースです。鈴木さんは、古い民家を取り壊して新築を建てる「建て替え」を計画されていました。

取り壊す建物は、52坪の木造2階建て住宅。平均的な戸建住宅は30坪前後なため、やや大きめの日本家屋となります。

鈴木さんは、ざっくりとした相場感として「この建物の解体費用は２００万円くらいだろう」と想定されていたそうです。

しかし、ハウスメーカーから提示された見積金額は「３５０～４５０万円」でした。ハウスメーカーに見積もりの内訳を聞いてみると、「自然石の撤去費用」が費用の大部分を占めていると言います。

どうして自然石を撤去しなければならないのか。それは、敷地の境界線を変更する作業が発生していたためです。

現在の建築基準法では、道路の中心から敷地まで２ｍの距離を設けないといけない規

【鈴木さんが所有する石垣】

定が存在します。
　鈴木さんが所有する建物が建てられた時代は、現代よりも規定が厳しくなかったため、解体の後に新築を行うのであれば、敷地の境界線を後退させる作業「セットバック」が必要になります。
　その作業の障害になるのが、「ブロック塀」や「自然石」の存在です。境界線を新たに引くにあたり、これらの外構は取り壊さなければなりません。ハウスメーカーは、この費用を解体工事に含めていたため、４００万円近い費用を算出したのです。
　しかし、その理由を聞いても腑に落ちない鈴木さんは、別の解体業者から新たに見積もりを取り寄せました。すると、見積金額は

190万円だと言います。

詳しく話を聞いてみると、その解体業者は「鈴木さんが問題なければ、自然石は撤去せずに庭先に移動させせましょう。そうすれば撤去費用を抑えられますよ」という提案をしてくれたのです。ハウスメーカーからは提案されなかったアドバイスに感心した鈴木さんは、快くその金額で依頼を決めました。

このように、解体業者によって工事の方法はそれぞれ。その業者ならではの知見や経験、そして依頼主に寄り添う姿勢から「このように工事することもできますよ」と提案してもらえれば、場合によっては数百万円のコストカットに繋がります。

2　業者の対応次第でご近所トラブルは限りなくゼロに！

トラブルを起こしたときに迅速な対応をしてくれる業者に頼む

解体工事では、建物を取り壊す際に発生する「騒音」「振動」「粉塵（ふんじん）」が付き物です。

まず認識していただきたいのは、これらは少なからず近隣住民へ迷惑をかけてしまう

【協会が実施したアンケート結果】

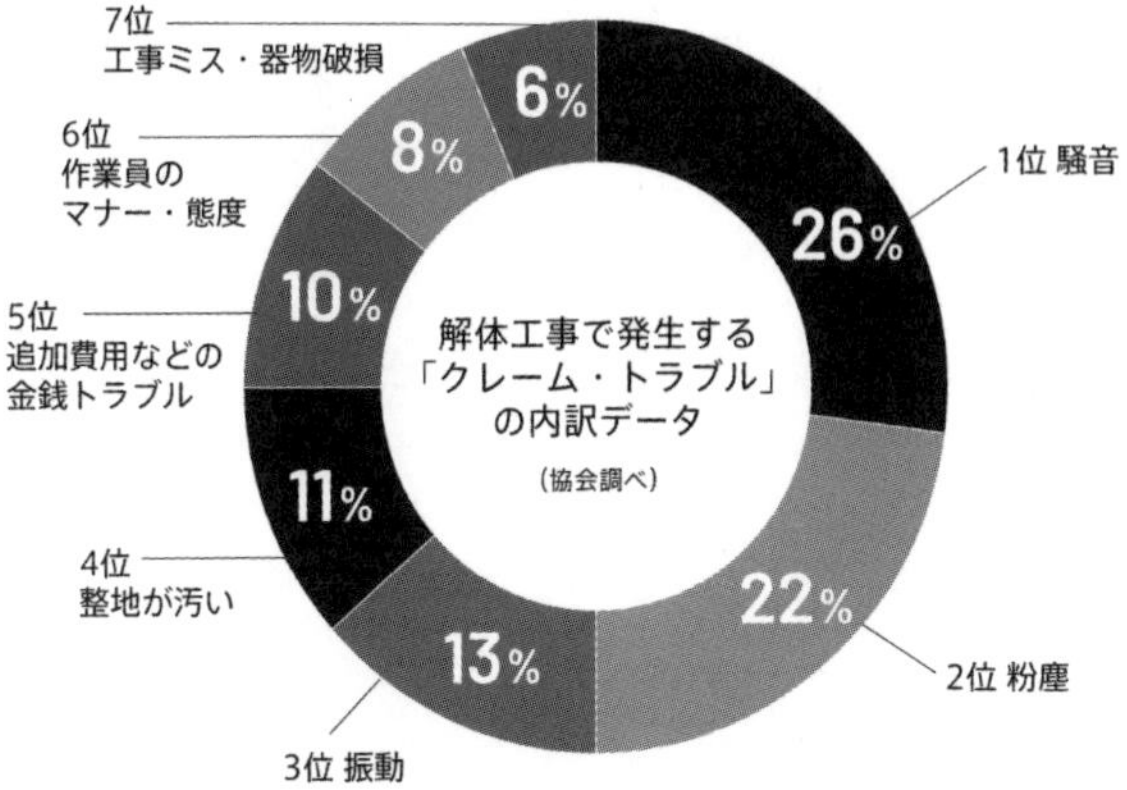

ということ。騒音や振動は住民の生活に支障をきたしますし、粉塵の飛散によって洗濯物や車が汚れてしまうかもしれません。

また、工事中に予期せぬ事故が発生することもあります。例えば隣家のブロック塀を一緒に取り壊してしまったり、隣家の壁に傷を付けてしまったり。そんなときには迅速な謝罪、補修対応が求められます。

近隣との関係を良好に保つには「近隣に配慮した工事を行ってくれる業者」「トラブルが起きたときに迅速な対応をしてくれる業者」に依頼することが大切です。特に建て替えを予定している場合は、解体工事後もその地域に住み続けることも踏まえて、近隣トラブルをなるべく起こさないよう努めることが大切です。

業者の技術や配慮によって「騒音」「振動」「粉塵」は抑えられる

決してゼロにはできない「騒音」「振動」「粉塵」ですが、優良な解体業者はこれらの影響や被害をなるべく小さくできるように努めています。

業者によってどのような違いがあるのかを見ていきましょう。

■職人の技術や丁寧さの違い

解体工事で取り扱う重機は国土交通省で「騒音基準値」が定められており、騒音基準値を上回る重機を使用している業者はほとんどありません。差が出やすいのは、重機を操縦しているオペレーターの技術力です。腕のいいオペレーターは解体作業で生じる騒音や振動をより抑える技術を持っており、周囲への被害に大きく影響します。

また、職人の仕事の丁寧さも重要です。例えば屋根の瓦を取り外す際に、屋根の上から直接トラックに投げ入れる職人がいますが、そんなことをすれば瓦が落下した衝撃でかなりの音が響き渡ります。本来であれば瓦は、衝撃を弱める機材を使用して飛び散らないよう丁寧に扱う必要があります。

他にも、窓ガラスを割る際に周囲に配慮して静かに割るか、無理やり叩きつけて割るかでも騒音のレベルが異なります。

【近隣に配慮した解体作業】

周囲に不快感を与えない作業・身だしなみ

【配慮不足の解体作業】

道路の無断使用・防具不着用

■養生や散水の違い

養生とは、騒音や粉塵を防ぐために建物の外側をシートで囲むことです。

養生に使うシートはボロボロでない綺麗な状態で、シート同士が隙間なく張られていなければいけません。稀に建物の高さに対して不十分な丈になっているケースがあるので注意が必要です。

左の写真は、適切な養生シートと不適切な養生シートの施工例です。「丁寧な養生」のほうは養生シートが隙間なく張られ、布部分も綺麗な状態であることがわかります。しかし「不適切な養生」のほうは、シートの高さが不十分で建物が剥き出しになっています。しかもシート自体がボロボロで、これでは埃や振動をほとんど防ぐことができません。

見積もりを依頼する前には解体業者の現場を見学し、丁寧な養生が行われているか確認できると安心です。

また、工事前や工事中には埃が舞わないように「散水」を行います。この散水が不十分だと不必要に埃が舞う原因となり、近隣の車や洗濯物に被害が及び、訴訟やクレームに繋がる恐れがあります。

例えば車好きの方が近隣に居た場合、「黒いボディがホコリで汚れて許せない」と責任

【丁寧な養生】

隙間なく丁寧に張られた養生シート

【不適切な養生】

高さ不足、破れのある養生シート

【散水あり】

充分な水量での散水作業

【散水なし】

散水をせず粉塵をまきちらしての解体

を追及されることもあります。

■清掃と挨拶の違い

当協会では、解体工事を終えた方から「ご近所から業者さんの評判がとてもよかった」というお声をいただくことがあります。

その理由の多くは「工事中の清掃がちゃんと行き届いていた」「挨拶や対応がハキハキしていて誠実そうだった」「現場から遠いのに挨拶回りに来てくれた」というものです。

どちらも人として基本的なことですが、清掃と挨拶を徹底するだけでも近隣からの印象は良好になります。

反対に休憩前後や作業後に現場が汚く散らかっていると、近隣の方々は不快に感じます。また、釘を踏み抜いて自動車がパンクしたり、通行人が転んで怪我をしたりする原因にもなります。

作業を終える前には現場を綺麗にし、道路に飛び出した汚れもしっかり掃除する。この丁寧さの積み重ねが信頼感を生み、いざという時でも大事に発展しない関係性づくりに繋がるのです。

【作業後の清掃】

毎日の作業後の清掃

【清掃せず作業終了】

接道を清掃せずに作業を終了

■近隣への声がけや配慮の違い

解体工事は、30坪程度の木造家屋でも取り壊しに1週間ほどの期間を要します。現場の職人や監督は、この1週間の中で特に埃が舞う工程がいつ行われるかを把握しています。

そのため優良な業者は、「今日は特に埃が舞う」という日に近隣の状況を確認し、洗濯物や車が外に出ているお宅に声がけを行います。声がけの際には車カバーを提供したり、洗車券を渡したりなど、トラブルにならないような配慮を欠かしません。

また、休憩時間に作業員が談笑する声がクレームに繋がることもあります。工事中の音は仕方ないとしても、作業員たちがあまりに大声で話しているのは許容できない方が多いようです。

そのため、優良な業者は休憩時間にも周囲に配慮をします。現場の職人への指導・教育が行き届いている業者は、休憩中であっても羽目を外すことはありません。

業者によって近隣配慮への態度も様々なのです。

優良な業者は丁寧かつ迅速な対応をしてくれる

円滑に解体工事を進めるためには、近隣の方々への配慮やコミュニケーションが欠か

【車カバー】

粉塵対策の車カバーの提供

【粉塵対策なしで車よごれ】

近隣への配慮がない工事

せません。

まずは工事前の挨拶回り。工事中にご迷惑をかけてしまう断りを兼ねて、工期や工事内容の説明をしに伺います。優良な業者は事前に依頼主とのすり合わせを念入りに行うため、独断で挨拶回りを行うことはしません。「どこのお宅まで訪問すべきか」「特に配慮すべき隣人はいるか」など、近所との関係を確認した上で実施されます。

このすり合わせの際、「何を持参して」「どのタイミングで」訪問を行い、隣人が不在の際には「どのような対応を」するかまで詳細に伝えてくれる業者は誠実です。この説明がいい加減な場合、実際の挨拶回りも適当な可能性があります。

そのため事前のすり合わせでは、依頼主側から挨拶回りの詳細を聞いておくことをおすすめします。

答えをはぐらかされたり、適当に答えられたりした場合は注意が必要です。

そして、実際にトラブルが起きた際には、とにかく迅速な対応が求められます。クレームや苦情は放置すればするほど相手の不満を増幅させるため、大きな問題に発展しやすくなります。

普通の業者であれば、何かトラブルが起きた際はすぐに連絡をし、訪問の上で謝罪を行います。しかし対応の悪い業者の場合、苦情が入っていても対応を後回しにしたり、最悪の場合そのまま放置したりすることもあるため注意が必要です。

近隣への対応は主に現場監督の有無や質に関係します。作業員からの情報収集や指示管理がしっかりとしており、監督と作業員できちんとコミュニケーションが取れている現場が理想です。

しかし現実問題として、1人の監督が2つ以上の現場を掛け持ちしているケースもあるため、時として監督が不在になることがあります。

何かトラブルがあったときに監督が不在だと対応が遅れる原因にもなるため、ちゃんと現場で指揮を取っており、なおかつ連絡のつきやすい監督がいる現場が好ましいと言えます。

3　悪徳業者に依頼してしまうとトラブルの恐れあり

違法工事や手抜き工事の例

解体業界の一部には、違法工事や手抜き工事を行う「悪徳業者」も存在しています。

場合によっては大事故を引き起こし、それによって多くの人に被害を与えることもあります。

なお、違法工事や手抜き工事の例として、次のようなものが挙げられます。

・極端に安い見積もりで契約を取り、後に追加費用を請求する
・山中や池に不法投棄を行い、廃材の処分費用を抑える
・自社が保有する敷地だと偽り、第三者の土地に廃材を投棄する
・不十分な養生や横着な解体など、安全性の低い工事を行う
・基礎や木材をミンチ解体によって取り壊す
・基礎や埋設物の撤去を行わずに土を被せて整地する
・アスベストの調査を怠る
・解体工事を途中で放棄する

これらの悪意を持った、あるいは不誠実な姿勢による仕事は、依頼主を含めた周囲の方々に大きな被害を及ぼします。

まず、違法工事により解体作業が中止・変更になった場合は、当然工期に遅れが出ます。解体後に土地の売却や新築を考えている方にとって、解体作業の遅れは致命的です。

解体工事が遅れることで不動産取引の好機を逃したり、新築着工の遅れから遅延損害金を請求されたりすることがあります。

また、トラブルを起こすことで近隣と仲が悪くなる原因にもなり得ます。その後新築を建ててその土地に住み続ける方にとっては、大きなデメリットと言えるでしょう。このような被害が発生しないよう、誠実な業者を見極めることが大切です。

安全性を著しく欠いた工事が発生している

建設工事でも解体工事でも、現場では「安全第一」が原則です。

しかし悪徳業者の中には、安全性よりも利益を優先した危険な工事を行う者もいます。例えば２０２３年に起きた東京都品川区での解体工事。不十分な養生と横着な工事による凄惨な解体現場が、ＳＮＳで拡散されニュースにも取り上げられました。

この現場では不適切な養生の張り方をしており、建物の駆体が剥き出しの状態になっています。それにより、廃材のコンクリートが隣のマンション側へなだれ込んでフェンス

【品川区に工事停止を命じられた危険な解体現場】

写真提供：石井孝明 様

を破損しています。

これは歩行者に怪我を負わせかねない危険な状態で、小さな子どもや高齢者に被害が及べば、大怪我を招きかねません。

さらに言うと、この建物は無理のある工法で取り壊されています。

本来、狭い敷地で建物の上部を取り壊す際は、「揚重解体」と呼ばれる吊り下げ式の解体か「手壊し解体」と呼ばれる手作業での解体が一般的です。

しかし、揚重解体や手壊し解体は手間や費用がかかるため、狭い敷地で無理やり重機を使って取り壊しているのがこの現場です。結果、取り壊した廃材を土台にして乗り上げるような形になっており、重機の安定性が取れず非常に危険な状態になっています。

また、現場前の道路には廃材が飛び出しており、それらが歩道を塞いでしまっています。これでは近隣住民に直接的な被害を与えかねませんし、クレームによるトラブルも考えられます。

本件の工事は、危険性が高すぎるとみなされ、品川区からの命令で中断されました。

その後も、類似した危険な解体工事についてはＳＮＳを中心に散見されており、品川区の件は氷山の一角と言えるでしょう。

手抜き工事は大事故に繋がりかねない

２０１０年、岐阜県岐阜市の解体工事で大規模な事故が発生しました。アルミ工場の解体作業中に、高さ11メートル幅17メートルの壁が道路側に倒れ、通行していた高校生が下敷きとなってしまった死亡事故です。

本件で工事会社は「作業効率を優先させ、ワイヤーで固定するなどの防止措置を取らず、壁が不安定な状態になっていた」と認めており、明らかに重大な過失があるとして実刑判決を受けました。

これを受けて建設・解体業界の工事規定が見直され、業界全体での安全性向上が図られましたが、先述の通り現在も危険性の高い工事はなくなっていません。

それはあらゆる規定を無視してでも利益を優先したいと考える業者が、一部ながら存在しているためです。

不法投棄をして費用を抑える業者が存在する

解体費用は年々高騰の傾向にあり、その大きな要因となっているのが「廃材の処分費」です。埋立に必要な土地の問題や、リサイクルに必要な分別にかかる人件費などが重なり、

【手口を変えて横行する不法投棄】

廃材の処分費用は上がり続けています。

そこで悪徳業者は「廃材を山中や池に捨てて、処分費を浮かせよう」と考えるのです。近年では「ゲリラ不法投棄」という新たな手口による不法投棄も横行し、問題となっています。

従来の不法投棄は山奥などの人目につかない場所で大量の廃棄物を捨てていましたが、最近では深夜や早朝などに道路脇へ少量の廃棄物をゲリラ的に投棄する手法が広まっています。

廃材を不適切に処分することにより「大幅な利益の確保」や「極端に安い見積もりの提示」が可能となります。不法投棄を行う業者に依頼しないために、相場に対して異常に安い見積もりには十分警戒してください。

見積書の各項目が詳細に書かれていない可

能性も高いので、不審に思った場合は業者に確認を取りましょう。

そこであやふやな返事をされたり、誤魔化されたりした場合は、他の業者に依頼をするのが無難です。

なお、極端に安い見積もりであると判断するためには解体費用の相場を理解する必要があるため、やはり複数の業者からの見積もりは欠かせません。

4 知れば知るほど「安心」「安全」「安価」になる解体工事の世界

業者選びは見積書の比較で

解体工事の常識や解体業者のよしあしを理解するほど、工事を「安心」「安全」「安価」に進められます。

業者を決める際の判断材料が増えれば、それだけ業者選びで失敗しない可能性が高まるためです。

では、実際の見積書をもとに、解体業者を比較する方法を解説していきます。見積もりの金額だけに囚われず、様々な観点から優良業者のポイントを押さえましょう。

見積書3社比較（千葉県：斎藤さんの場合）

これは、3社の見積書を比較した、千葉県の斎藤さん（仮名）の例です。作業場や倉庫が併設された木造住宅を取り壊す予定でした。

それぞれの見積書を「A社」「B社」「C社」として見ていきましょう。

■A社見積書

A社の工事費総額は373万円です。A社は見積書の他にも、現地調査で行った測量の結果を元に、全体の見取り図を作成しています。

見積書の項目番号と見取り図の番号が対応しているので、どこの作業にいくらかかるのかわかりやすくなっています。

また、建物の見取り図の鉄骨造建物に「屋根：スレート」と書かれています。

2006年以前に建てられた「スレート屋根」と呼ばれる屋根には、有害物質であるアスベストが含まれているケースが多く、見積書の段階で記載があると事後の追加費用に備えることができます。

なお、事前にアスベストの有無が判明できていなくても、アスベストが含まれているとみなして見積もることも可能です。

【A社見積書】

御見積書

PAGE　1

[redacted]様

見積日　平成29年11月07日　見積No　00000419

[redacted]
代表取締役 [redacted]
[redacted]
TEL [redacted]

下記の通り御見積申し上げます。

件　　名：富里市[redacted]
納入期限：
納入場所：
取引方法：
有効期限：

担当者：

御見積合計金額　¥3,737,318ー

商品名	単位	数量	単価	金額	備考
①倉庫解体	坪	37	15,000	555,000	
倉庫解体（ヒサシ部分）	式	1	50,000	50,000	
重機回送費	式	1	45,000	45,000	
足場養生	㎡	194.4	450	87,480	
②コンテナ撤去	式	1	30,000	30,000	
③ＵＢ撤去（浄化槽撤去込み）	式	1	200,000	200,000	
④倉庫撤去	坪	1.6	10,000	16,000	
⑤建物解体	坪	13	10,000	130,000	
⑥建物解体	坪	9.3	10,000	93,000	
アスベスト処分	式	1	90,000	90,000	
アスベスト撤去・運搬	式	1	30,000	30,000	
⑦建物解体	坪	30	20,000	600,000	
⑧ヒサシ撤去	坪	8	2,000	16,000	
⑨家屋解体	坪	23	27,000	621,000	
土間撤去	㎡	220	500	110,000	
残置物撤去処分	式	1	787,000	787,000	
＜税抜合計金額＞				3,460,480	
＜　消費税　＞				276,838	
			合計	3,737,318	

【A社見取り図】

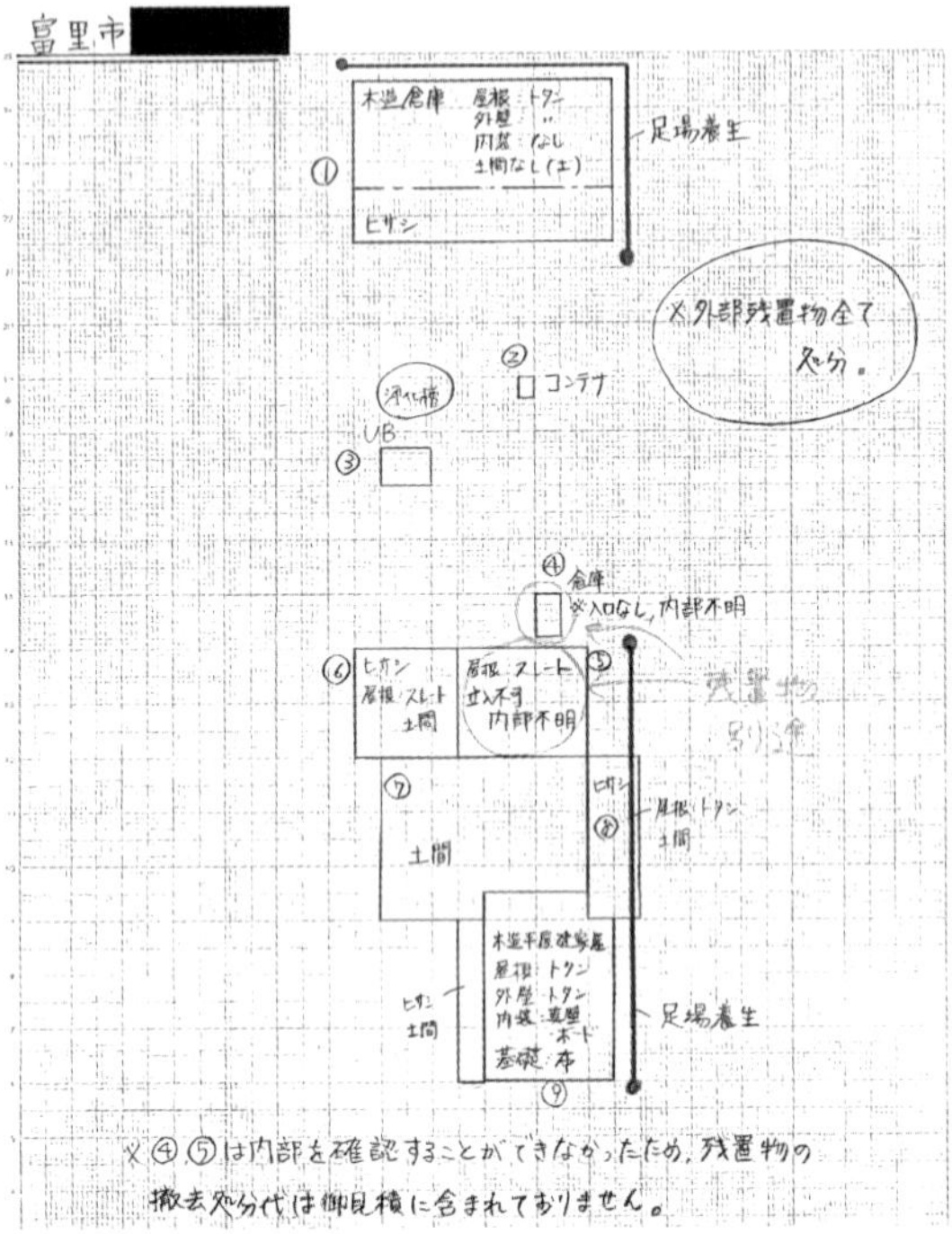

富里市[redacted]
木造倉庫 屋根：トタン
外壁：〃
内装：なし
土間なし（土）
ヒサシ
①
足場養生
※外部残置物全て処分。
②
コンテナ
浄化槽
UB
③
④
倉庫
※入口なし，内部不明
⑥
ヒサシ
屋根：スレート
土間
屋根：スレート
立入不可
内部不明
⑤
⑦
土間
ヒサシ
⑧
屋根：トタン
土間
木造平屋建家屋
屋根：トタン
外壁：トタン
内装：土壁
ボード
基礎：布
ヒサシ
土間
⑨
足場養生
※④⑤は内部を確認することができなかったため，残置物の
撤去処分代は御見積に含まれておりません。

【斎藤さんの室内残置物】

■Ｂ社見積書

Ｂ社の工事費総額は３５６万円です。後のＣ社を含め、見積金額が最も安価なのがＢ社です。

しかしＢ社の見積書では、Ａ社が78万円ほどかかると見積っていた残置物の撤去費を、「外回り残置物 分別・運搬・処分費」として17万円ほどの金額で算出しています。

「外回り残置物」ということは、Ｂ社は室内の残置物を見積っていないことがわかります。本事例の建物は、住居の他にも倉庫などの建物がいくつかありましたが、現地調査の時点で室内を確認できない建物が２棟ほどありました。

そこでＢ社は、室内残置物を後でまとめて見積ることにしました。そのため、見積書の注意書きに「室内残置物の撤去処分は別途となります」と記し

【B社見積書】

御見積書

[redacted] 様　　　　平成28年11月14日

[redacted]

下記の通り御見積申し上げます
受渡期日　　年　月　日
受渡場所　千葉県富里[redacted]
有効期限

T[redacted]
電話[redacted]
FAX[redacted]
担当[redacted]

税込合計金額	¥3,564,000		消費税額(8%	¥264,000	
摘要	単位	数量	単価	金額	備考
解体工事					
木造平屋建上物　解体処分	坪	59.25	16,000	948,000	
内外装分別　解体処分	㎡	195	2,200	429,000	
基礎　解体処分	㎡	195	2,700	526,500	
付足し倉庫　基礎共　解体処分	㎡	57	3,000	171,000	
木・鉄骨造集荷場　基礎共　解体処分	㎡	181	3,800	687,800	
外回り残置物　分別・運搬・処分費	台	2.5	70,000	175,000	8㎡コンテナ
シート養生	㎡	201	700	140,700	
重機・車両・重機回送費	式	1		135,000	
諸経費・安全管理費	式	1		96,000	役所申請含む
値引				-9,000	
＊室内残置物の撤去処分は別途となります。					
＊地中障害物（ガラ、ゴミ、杭等）別途となります。					
合計				3,300,000	

ています。

また、B社の見積書にはアスベストの撤去費用に関する記載もありませんでした。そのため斎藤さんは、追加料金を踏まえて比べれば、A社・C社との費用差はそれほどないだろうと考えたのです。

■C社見積書

C社は見積書を2枚、見取り図を1枚作成しています。見積金額は４９０万円で、3社のうち最も高額でした。

C社の見積書は項目数が全部で33項目あり、最も漏れがなく詳細に記載されていました。

例えば残置物に関しても、3社の中で唯一「室内残置物」と「室外残置物」で分けて見積もっています。

また、「木造平屋建て住居」の項目は建物ごとに「屋根」「本体」「基礎」「ひさし」と部分別に見積られています。

これは、リサイクル品目ごとに廃材の処分費が適正に見積もられていることを確認するためです。お客様に安心感を持ってもらうために、業者が詳細な根拠を記載しています。

斎藤さんは本工事にあたって、「対応や施工内容がしっかりしている業者」を探されていたため、最終的にC社へ依頼をされました。加えてC社の担当者は斎藤さんにこまめな連絡を入れ、何度も打ち合わせをしに現地を訪れていました。

そうした誠実な対応も相まって、依頼を決められたそうです。


このように解体工事を深く知り、複数の業者を見比べることで「パッと見の安さだけではない決め方」も可能になります。見積書の見方を知らなければ、複数社を比較しても結局「総工事費用」だけで決めることになりかねません。

業者を厳選すればトラブルのリスクが格段に下がり、かつ平均して30万円以上、時には100万円以上のコストカットに繋がります。

加えて、全く同じ解体現場は2つとありません。

取り壊す建物や敷地の状況を適切に把握し、現場それぞれで最適な解体業者を探すことが最も大切な考え方です。

本書で知識を付けることで、より「安心」「安全」「安価」な解体工事が可能になりますので、ぜひ最後までお付き合いください。

【C社見積書２枚と配置図】

御見積書　No.1

平成29年11月17日

[redacted] 様

[redacted] 建設業 [illegible] [redacted]

TEL [redacted] Mail [redacted]
FAX [redacted] URL [redacted]
代表者 [redacted]

見積 [redacted]　作成 [redacted]　工事 [redacted]　承認 [redacted]

税込金額　¥3,181,690　←1枚目の総額

現場名　[illegible] [redacted]　　御支払条件　着工時1/3〜1/2程度、残額は完工後（要お打ち合わせの上）

工事名　木造平屋建て住宅兼作業場解体工事　　工期　お打ち合わせの上　　見積有効期限　平成30年1月16日　まで

工事概要　[illegible]

No.	名称			仕様	数量	単位	単価	金額	備考
1	書類作成・届出代行			解体（リサイクル法）・警察（特定建設作業届）・石綿	1	式	20,000	20,000	[illegible]
2	[illegible]			[illegible]	1	式	25,000	25,000	
3	室内残置物		撤去処分	住居、作業場内 [illegible] 等	5	台	60,000	300,000	4t車
4	屋外残置物		撤去処分	ひさし、納屋内 等	5.25	台	60,000	315,000	4t車
5	軽トラ荷台・簡易トイレ		撤去処分		1	式	35,000	35,000	
6	仮設養生工			単管パイプ組立足場+防音シート	206	m2	800	164,800	
7	[illegible]	屋根	撤去処分	[illegible]	[illegible]	m2	500	[illegible]	
8	〃	本体	解体処分	木造住宅 [illegible]	18	坪	15,000	270,000	
9	〃	基礎	解体処分	[illegible]コンクリート布基礎 [illegible]	18	坪	12,000	216,000	
10	〃	ひさし	解体処分	木造 [illegible]	4.5	坪	10,000	45,000	
11	②木造平屋建て作業場	屋根	撤去処分	[illegible]	148.5	m2	500	74,250	
12	〃	本体	解体処分	[illegible]	30	坪	14,000	420,000	
13	〃	基礎	解体処分	[illegible]コンクリート布基礎	30	坪	12,000	360,000	
14	〃	ひさし	解体処分	木造 [illegible]	6.75	m2	10,000	67,500	
15	③鉄骨造納屋	屋根	撤去処分	スレート屋根材（[illegible]）	44.55	m2	1,500	66,825	
16	〃	アスベスト	[illegible]	[illegible]	44.55	m2	1,000	44,550	[illegible]
17	〃	本体	解体処分	鉄骨造 [illegible]	9	坪	16,000	144,000	
18	〃	基礎	解体処分	[illegible]	9	坪	10,000	90,000	
19	④鉄骨造倉庫	屋根	撤去処分	スレート屋根材（[illegible]）	59.4	m2	1,500	89,100	
20	〃	アスベスト	[illegible]	[illegible]	59.4	m2	1,000	59,400	[illegible]
21	〃	本体	解体処分	鉄骨造 [illegible]	12	坪	16,000	192,000	
22	〃	基礎	解体処分	[illegible]	12	坪	10,000	120,000	
23	⑤木造倉庫	屋根	撤去処分	[illegible]	7.43	m2	500	3,715	
24	〃	本体	解体処分	木造 [illegible]	1.5	坪	10,000	15,000	
	次ページへ続く								
	小計							¥3,181,690	

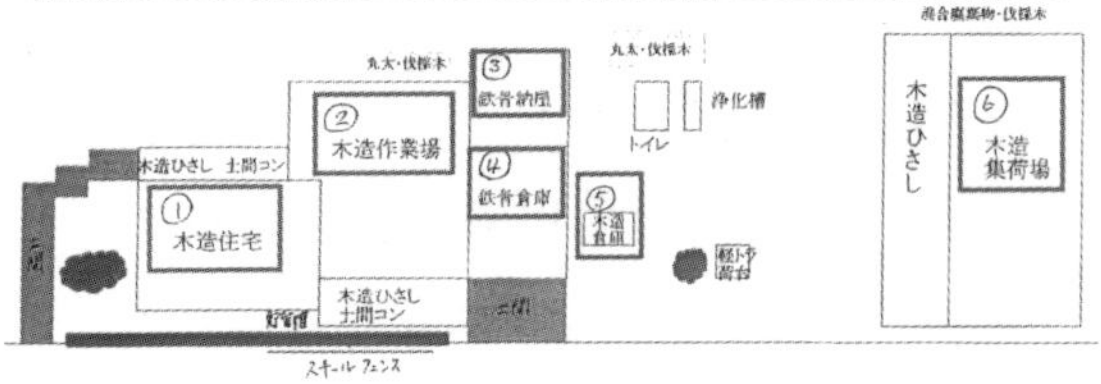

TEL [redacted] Mail [redacted]
FAX [redacted] URL [redacted]
代表者 [redacted]

見積 [redacted]　作成 [redacted]　工事 [redacted]　承認 [redacted]

税込金額　¥4,900,000

現場名　[illegible] [redacted]　　御支払条件　着工時1/3〜1/2程度、残額は完工後（要お打ち合わせの上）

工事名　木造平屋建て住宅兼作業場解体工事　　工期　お打ち合わせの上　　見積有効期限　平成30年1月16日　まで

工事概要　地中障害物（[illegible]）が発生した場合は別途となります。

No.	名称			仕様	数量	単位	単価	金額	備考
	前ページ小計							3,181,690	
25	⑥木造集荷場	屋根		[illegible]	178.2	m2	500	89,100	
26	〃	本体		木造 [illegible]	36	坪	14,000	504,000	
27	〃	基礎		[illegible]コンクリート布基礎	32.4	m	2,000	64,800	
28	〃	ひさし		木造 [illegible]	18	坪	10,000	180,000	
29	外構土間コンクリート		解体処分	ひさし下部、アプローチ等	68.35	m2	2,500	170,875	
30	[illegible]浄化槽・[illegible]		解体処分	FRP製	2	基	35,000	70,000	
31	[illegible]（3t[illegible]）	2台		4t車 [illegible]	4	台	8,000	32,000	
32	[illegible]（8t[illegible]）			10t車 [illegible]	2	台	24,000	48,000	
33	諸経費			[illegible]	5	%	4,340,465	217,023	No.1〜3合計
	小計							4,557,488	
	調整額							− 20,451	
	消費税			（小計−調整額）×8%	8	%		302,963	
	税込み合計金額							4,900,000	

第１章のまとめ

① 解体業者はそれぞれに特徴が存在し、同じ現場でも見積金額が異なる。
場合によっては１００万円以上の金額差が生まれる。

② 近隣対応や工事の丁寧さにも違いがある。質の高い業者に依頼すれば、解体工事に関連するトラブルを抑えられる。

③ 見積書の比較材料は工事総額だけではない。
見積書の記載内容からより多くの判断材料を読み解くことで、後悔のない解体工事が実現する。

第2章　覚えておきたい解体工事の基礎知識

第1章では、解体業者によって工事価格や工事品質が異なる事実を解説しました。

続いては、実際に解体工事を進めるにあたって「必ず知っておくべきこと」をお伝えします。

1　工事依頼の基本「相見積もり」を知る

相見積もりとは

解体工事を進める前には、複数の業者へ見積もりを依頼する「相見積もり」を行うのが基本です。相見積もりとは、複数の解体工事業者に見積もりを依頼することです。

色々な業者を探して連絡をするなんて面倒だと感じるかもしれませんが、相見積もりをすることで様々なメリットが生まれます。まずは、相見積もりの必要性から見ていきましょう。

あなたの家の「解体費用相場」が判明する

解体費用を決定づけるのは「敷地と建物」の状況や性質です。

例えば、敷地に通じる道路が狭かったり隣家との距離が近かったりすれば、手作業による解体が増え費用は高額になります。建物は頑丈なほど取り壊しづらく、また老朽化しているほど解体作業が複雑。火災に遭った建物は廃材の分別が難しくなります。

このように、それぞれの依頼主が所有する建物と土地の状況は千差万別。そのため、解体工事にはいわゆる「費用相場」というものが実質的に存在しません。「30坪の建物なら100万円くらい」と言い切れないのが現実です。

だからこそ、大切なのは「あなたの家」の解体費用相場です。あなたの建物を取り壊すにはいくらくらいの費用が妥当なのか。これを知ることが最も大切なことです。

相見積もり最大のメリットは「納得感」

相見積もりを行う最大のメリットは、「納得感を持って工事を依頼できる」ことです。

解体費用は一生に一度あるかないかの大きな出費。依頼主がしっかりと納得感を持って依頼できるかは非常に重要なポイントです。

比較検討をした上で「この金額なら相場から大きく外れていないはず」「損をせずに依頼できているはず」と納得できるように業者選定を進めましょう。

もちろん、信頼に足る業者を選定した上で1社に依頼する分には問題ありません。しかし、見積もり前からどの業者が信頼できるかを見極めるのは難しいですよね。本当はもっと安くできる業者がいるかもしれないと、モヤモヤを抱えたまま工事を進めることになりかねません。

なお、比較検討を行うためには、最低3社からの見積依頼がおすすめです。さらに多くの比較検討を行い、納得感を得たい場合は6社程度まで広げても問題ありません。ただし、10社近くになると現地調査や見積もりの連絡、最終的なキャンセルの連絡などで多くの手間がかかります。

自身の手間と納得感を天秤にかけ、丁度よい社数で見積もりを行いましょう。

相見積もりを行うことで「業者間の価格競争」が生まれる

また、相見積もりを行うことで「業者間の価格競争」が生まれます。

ほとんどのビジネスに言えることですが、値下げをする理由のない商品・サービスに対して、売り手は値下げを行いません。

解体費用をより安価にしたいのであれば、他社の見積金額を比較に出して交渉するのも大切です。

元より、解体業者は他の業者で見積もりを取っているかを気にかけています。通常の場合は業者から「他で見積もりを取っていますか？」と聞かれますので、その際に比較対象があると非常に心強いと言えます。

見積依頼の増やしすぎには注意

比較検討をより慎重に行いたいと考える方は、多くの業者から見積もりを取りたがる傾向にあります。しかし、見積依頼の増やしすぎにはいくつかのデメリットがあるため注意が必要です。

■解体業者から警戒される

10社20社の見積比較を行う依頼主に対し、解体業者は「この人との契約は現実的じゃないな」「とにかく安くしようと考えているから、利益がほぼ見込めないな」と判断します。

そのため、わざわざ他社と価格競争をしてまで契約を取ろうとは考えません。「それなら他の業者と契約してくれ」というスタンスになり、真剣な対応をしてくれない場合もあります。

あくまで「よい解体業者と契約したい」というスタンスで常識の範囲内で交渉をするのが大切です。

■不誠実な業者や悪徳な業者に出会う可能性が増える

選定を疎かにして手当たり次第に見積依頼を行うと、不誠実な業者や悪徳な業者に出会う可能性も高まります。通常、見積依頼をしたからといってすぐに契約を行うわけではありませんが、「早く契約してくれ」としつこく迫ってくる業者も中にはいます。

そういった業者に巡り合ってしまうと、断りづらさから焦って契約をしてしまう恐れもあります。無闇に依頼の幅を広げることはあまりおすすめできません。

2　解体費用が決定づけられる要素を知っておこう

解体工事にかかる費用は大きく分けて3種類

解体工事ではどのような工程が存在し、それぞれの費用はどのように決定されるのかを知っておきましょう。見積書を精査する際にお役立てください。

解体工事にかかる費用は大きく分けて「本体工事費」「付帯工事費」「諸経費」の３種

類です。それぞれの費用がどんな要素を含むのかを解説していきます。

■本体工事費

「本体工事費」には、建物本体を取り壊すために必要な費用が含まれます。まず、「解体作業費」が約30％、「廃材の運搬処分費」が約25％です。

これには建物を取り壊すためにかかる人件費と廃材の処分費が含まれ、本体工事費の大部分を占めています。

この「解体作業費」は、「建物の大きさ（坪数）」「建物の材質（構造）」「工事にかかる期間」「立地や環境」などによって価格が変動します。

建物は大きいほど、材質は取り壊しにくいほど、工期はかかるほど、費用も高額になる傾向にあります。

なお、取り壊しやすい構造は「木造」＜「鉄骨造」＜「鉄筋コンクリート造」の順番です。

次に、「仮設養生費」が約10％です。これは主に養生シートにかかる費用が含まれます。解体工事における「養生」とは、工事中の騒音や粉塵を抑えるために建物をシートで覆う作業を指します。

養生シートには「防炎シート」と「防音シート」が存在し、防音シートのほうが高額

【工事費の内訳】

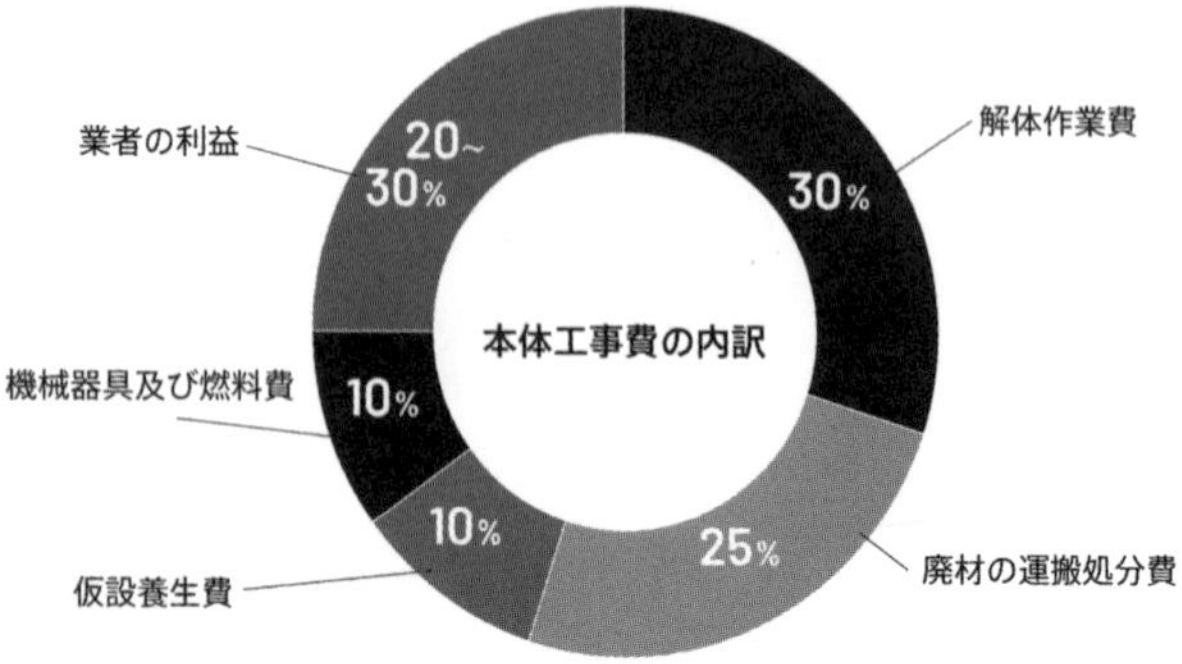

な傾向にあります。防音シートは防炎と防音効果を兼ねるシートで、分厚く重いのが特徴です。

業者がどういった性能のシートを使うかによって費用が変わりますが、１㎡８００円〜１２００円くらいが相場になります。これよりも高い場合は性能のよいシートにこだわっている可能性もあります。

さらに、「機械器具及び燃料費」が約10%です。解体工事では主に重機を使って取り壊しを行いますが、この重機は必ずしも解体業者が保有しているわけではありません。重機をリースやレンタルによって用意する場合は、より高額になる傾向があります。

また、重機には「回送費」もかかります。重機は公道をそのまま走るわけにはいかず、重機より大きな回送車に乗せて運ぶ必要があるためです。

これら重機を準備するためにかかる費用と、重機を動かすのにかかる燃料費が「機械器具及び燃料費」に該当します。

最後に、「業者の利益」が20％～30％です。解体に必要な費用と人件費だけでは会社が存続できないため、商売として必要な利益を解体費用の中に含ませています。

この利益は見積書に別途記載することはなく、それぞれの費用に少しずつ上乗せさせているようなイメージです。

■付帯工事費

「付帯工事費」は、敷地内にある「建物以外」の設備を取り壊す費用です。

例えば「ブロック塀」「倉庫」「井戸」「樹木」「カーポート」などが対象になります。それぞれの敷地に存在する設備は千差万別なため、付帯工事の規模は現場によって異なります。

また、「車庫は壊すけど庭石は残す」といったように依頼主の希望によっても工事内容が変わるため、「付帯工事費の総額」として費用相場を算出することはできません。

そのためここでは、それぞれの相場感を紹介します。

【付帯工事の費用相場】

付帯工事の相場（単価）

残置ゴミ撤去処分	12,000円～/m3
樹木撤去処分	12,000円～/m3
庭石撤去処分	10,000円～/m3
土間撤去処分	2,500円～/m2
ブロック撤去処分	2,500円～/m2
物置撤去処分	5,000円～/ケ
カーポート撤去処分	20,000円～/式
太陽熱パネル撤去処分	30,000円～/式
ウッドデッキ撤去処分	30,000円～/式
井戸の埋め戻し	50,000円～/式
コンクリート製の浄化槽	50,000円～/基
FRP製（繊維強化プラスチック）浄化槽	20,000～50,000円/基

■諸経費

本体工事費、付帯工事費に含まれない雑多な費用を「諸経費」と言います。解体工事に着工するためには様々な手続や準備が必要になり、この対応にかかる費用が含まれます。例えば、解体業者は廃棄処分する部材の種類や量や運搬車の名前等を記入した「マニフェスト伝票」を発行する義務があります。

これは発行だけでなく5年間の保管も義務づけられているため、その管理費も発生します。

また、「建設リサイクル法工事届出」の作成や、保険の費用も含まれます。近隣への挨拶回りに必要な粗品の費用などもかかることがあります。

追加工事による費用が発生することも

解体工事の着工後から必要になった工事を「追加工事」と呼びます。

例えば、建物の基礎を取り壊している際に地中からコンクリートガラや井戸が掘り起こされたり、実際に取り壊してみたら図面と構造が異なっていたり、依頼主が処分すると言っていた不用品が残っていたりといった事例です。

【地中から出てきたコンクリート製の浄化槽】

そして、追加工事の多くは見積もり時に確定できないものが多く、着工後に費用を請求されます。見積もり後に追加で費用を請求されるため「本当に必要なのか」「なんで見積もりよりも高くなるんだ」と不審に思われる方も少なくありません。

その気持ちは最もですが、追加工事の多くは「着工しないと判明しないもの」が多く、着工前に費用を見積もることは極めて難しいことも理解しておく必要があります。

「追加費用」というだけで拒否反応を示すのではなく、何を持ってして「正当な請求」なのかを見極められるようになりましょう。

■正当な追加工事

まず、正当な追加工事の前提となるのは「追加工事前に依頼主へ確認があったかどうか」です。

例えば、地中からコンクリートや瓦、井戸が出てきた場合は、掘り起こされた時点で依頼主へ連絡が入ります。そして「こういう状況で、このくらいの費用がかかりますが大丈夫ですか?」という確認があります。

そういった連絡があれば、追加工事前に依頼主が現場を確認することも可能なので、誠実な対応であると言えます。

直接確認できない場合は、業者側が写真や動画などで証拠を収めていることも重要な判断材料です。

さらに言えば、優良な解体業者は見積もり時に追加工事が発生した場合の説明があります。「この場合はこのくらいの費用がかかります」と事前に説明があるため、心の準備を済ませることができます。

■不当な追加工事

不当な追加工事とみなされるのは、前述の逆。つまり「追加工事の判明時に許可なく工事を進めている」ケースです。

すべての工事が終わった後で「途中で追加工事が発生したので、これだけ払ってください」と請求するのは、依頼主に対して不誠実であると言えます。依頼主側からすれば事実確認の方法がないため、業者側はいくらでも嘘をつける状態です。たとえ真実だとしても「業者のさじ加減でいくらでも嘘をつける」という状態がフェアではありません。

対策としては、見積もり時に依頼主側から「追加工事が発生した場合はどうなりますか?」と確認しておくことが挙げられます。

解体費用が割増になるケースとは

敷地や建物の状況によって、「本体工事費」「付帯工事費」「諸経費」のそれぞれが割増になってしまう原因はいくつか存在します。見積金額が高いと感じたら、次のケースに当てはまっていないかを確認しましょう。

■敷地や周辺の道路が狭い

解体予定の敷地が狭く、重機を動かすのに十分な広さが確保できない状態では、人件費が割増になる傾向にあります。重機で取り壊す代わりに職人が手作業で解体を行い、その分工期が延びるためです。

また、敷地の広さが確保できても、敷地周辺の道路が狭すぎて重機が搬入できないケ

【敷地や周辺の道路が狭い】

ースもあります。他にも建物と隣家の距離が近すぎる場合も建物の一部を手壊しする必要が出てきます。

これらは特に、建物が密集している都心部に多い事例です。これが転じて、都心部は解体費用が高く、地方は解体費用が安くなる傾向にあります。

ただし、本質的には「手作業による人件費の増加」が起因しているので、都心部だから必ずしも高額になるわけではありません。

■学校（通学路）や商店街、病院などが近い

敷地の近くに学校や商店街、病院などがある場合は、工期が通常よりも延びる可能性があります。

特定の時間帯に人通りが多くなる場所や静かにしなければいけない場所は、車両の交通規制がかかる場合があるためです。また、通学路であれば交通誘導に人員を配置する必要があるため、その分の人件費が発生します。

■建物の状態が悪い

解体工事の原則は「安全第一」です。

何よりもまず作業員や周辺環境の安全が優先されるため、建物が傾いていたり、崩れ

【通学路】

る危険性があるほどボロボロになっていたりする場合には特別な安全対策を行う必要があります。

あるいは、老朽化している建物をミンチ解体によって取り壊す場合もあります。

ミンチ解体とは建物を一気にぐしゃっと潰す解体方法で、リサイクル法の観点から2002年を最後に禁止されました。

ただし、ミンチ解体をした後に廃材を適切に分別するのであれば、作業の危険性に応じて許可されています。老朽化している建物は解体時に危険を伴うため、ミンチ解体が許可される場合があります。

しかしミンチ解体を行い、あらゆる廃材がバラバラに混在した中から分別を行うのは至難の業です。

このように、安全対策や分別作業により追加の工程が発生するために、老朽化した建物は解体費用が高くなります。

また、火災などで既に大部分が炭になっている場合も、解体費用は高額になります。

「既に取り壊されているようなものだから、安くなるんじゃないの?」と思われがちですが、建物の大部分が炭になると、廃材の分別に大きな労力がかかります。

【老朽化したキケン家屋】

【火災に遭った建物の解体工事現場】

解体工事で出た廃材は、すべて一緒くたに捨てられるわけではなく、「産業廃棄物」「一般廃棄物」「有価物」などに細かく分別する必要があります。

建物が元の形を保っていれば分別の際に判断が付きやすいですが、炭の状態ではどれがどの廃材か区別が難しいのです。その分作業に手間がかかるので、火災案件は高額になります。

■建物の築年数が浅すぎる

先ほどとは逆に、築年数が浅い建物も解体費用は高額になります。

これは、年代が進めば進むほど建物の構造や性能が向上するためです。例えば昔の基礎は布基礎が基本でしたが、現在ではより頑丈なベタ基礎が基本です。

また、ツーバイフォー工法からツーバイシックス工法にグレードが上がり、外壁や接着剤の強度も上がっています。時代が進むにつれて建物は耐震性や耐久性を増していくため、近年建てられたものを取り壊す際には作業の難易度が高まります。

■建材にアスベストが使用されている

「アスベスト」とは、主に高度経済成長期に多く使用されていた建材の一種です。

軽量かつ耐火性に優れているため様々な産業で重宝されたアスベストですが、時代が経つにつれて人体への有害性が明らかになっていきました。

そして１９７５年から徐々に規制が強くなり、２００６年に大幅な規制変更が施行され、２０１１年にはアスベストを含むすべての製品の製造・輸入・譲渡・提供・使用が禁止されました。

そのため、規制強化後に建てられたほとんどの建物にはアスベストが含まれていません。しかし建物は数十年というスパンで存在しているため、これから取り壊す建物にアスベストが使用されている可能性はあります。

アスベストは軽量で飛散性が高く、解体の際にはアスベストを飛散させないよう特殊な工法で作業を行います。この撤去作業が発生すると費用は上乗せされます。

【アスベスト】

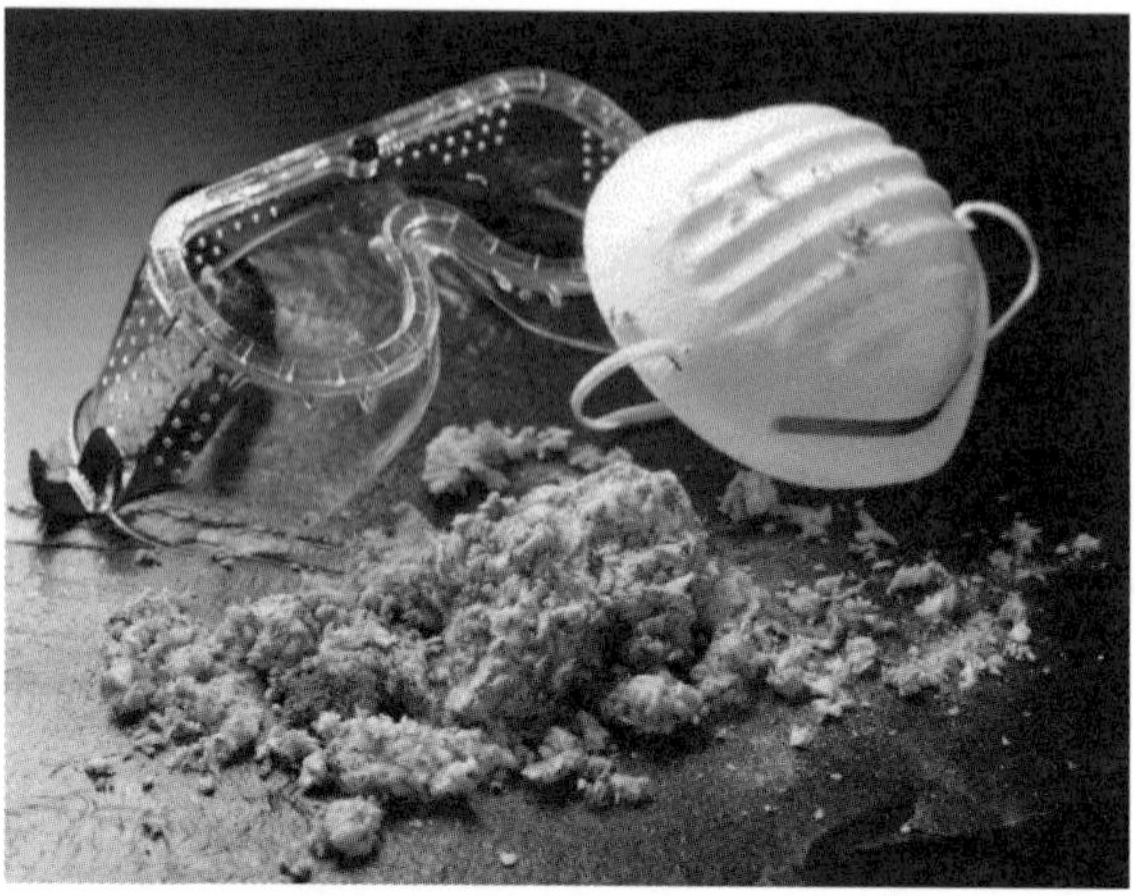

【アスベスト含有建材　屋根材】

【室内残置物】

■室内残置物が処分されていない

解体工事では、建物内に残された「家庭ごみ」「家電」「家具」などを「室内残置物」と呼びます。

これらの処分を解体業者に任せると、4トントラック1台あたり5～10万円程度の費用が発生します。そのため、着工前に依頼主自身で残置物を処分しておけば、解体費用を抑えることができます。

まずは、契約時に残置物の処分範囲について業者とすり合わせを行いましょう。

解体業者によっては「これとこれは無料で処分しますよ」と対応してくれる場合があるため、業者が無料で処分できないものだけを片づけたほうが効率的です。

3　優良な解体業者は数多く存在する

解体業界は実態の不透明さから、悪いイメージを持たれがちな業界です。ニュースなどでも不法投棄や過積載トラック、違法工事による事故などが報道されるたび、インターネット上などで業者を糾弾する様子が散見されます。

現に本書でも「悪徳業者」への注意喚起を行っていますが、それはあくまで最悪のケースを回避してもらうためです。実態としては多くの解体業者が優良であり、依頼主に対して誠実な対応、そして丁寧な工事を心がけていることを知っていただきたいと思います。

■依頼主想いの解体業者たち

多くの解体業者が依頼主に対して誠実に対応しているというのは、世間的にはあまり認知されていない事実だと思います。

解体業者と直接やり取りをし、その仕事ぶりを10年以上間近で見てきている当協会のスタッフから見た、業者の実態や裏側を紹介します。

【解体業者が裏側で対応している例】

- 追加工事が発生したが、小規模だったのでサービス（無料）で対応した。
- 現場の近隣住民から「不要なものを一緒に処分してほしい」と依頼された際に無料で引き取った。
- 解体時に害虫が逃げ出し隣家へ逃げ込む可能性を考え、解体前にバルサンを焚いている。
- 資材置場やオフィスの周囲を毎週ボランディアで掃除している。
- 解体風景の一部始終を撮影し、タイムラプス動画を依頼主へ無料で提供している。
- 依頼主と一緒に撮った写真、解体前の建物、解体中、完工までを収めた写真アルバムを無料で提供している。
- 業者側から率先して地域の補助金、助成金について手ほどきをしている。
- 耐震診断士と提携し、耐震診断に関する補助金活用をサポートしている。

このように、一見業者側にとって得がないように思えるサービスや対応の数々を、解体業者は世間に認識されない場所で行っています。続いては、実際の依頼主目線から見た業者の魅力をご紹介します。

当協会に寄せられた依頼主の声

「あんしん解体業者認定協会」では、解体工事ユーザーから数多くのメッセージを日々頂戴しております。その中でも特に多いのは「業者さんの対応のよさに驚いた」という喜びの声です。

・宮城県仙台市Sさん

突然の火災により自宅が全焼してしまい、急遽被災した家屋の取り壊しが必要になりました。倒壊の危険と焼けた匂いなどで近隣住民の方にご迷惑をかけている状況で、一刻も早く解体を行いたかったので、素早く工事に入っていただいて助かりました。

社長さんにとても親切に対応していただき、仙台市の被災がれき処分の減免措置の申請にも同行していただき、全体の費用的にも300万円程度を覚悟していたところ、160万円程度で工事していただき大変助かりました。

また、ライフライン、光回線、焼けた車の撤去にあたっても、こちらが現場に立ち会う必要のないようにご配慮いただき、車を火災で失い移動手段がない状況の私どもには非常にありがたかったです。

・愛知県小牧市Ａさん

３社見積もりをお願いし、一番早く回答がいただけて、かつ現場の下見（今回は火災にて半焼した実家の解体）の際の写真の添付もあり、丁寧な印象を持てた業者様にお願いしましたが、思った通り、依頼してはじめから最後まで満足できる内容で、感謝の気持ちで一杯です。

また、実家は昔から近所付き合いが密であるために、業者様も一緒に丁寧に挨拶周りをしてくださり、私たちの不安な気持ちも和らげることができました。

・神奈川県横浜市Ｔさん

紹介業者様は本当に親切丁寧でした。途中の進捗状況報告も丁寧に話を聞いていただき、すべてを安心してお任せすることができました。

不用品回収もお願いしたのですが、気持よく探してくださり、重ねて御礼申し上げます。

・大阪府東大阪市Ｔさん

手際がよくスムーズな手順で、さすがはプロの解体業者さんだなと。ご近所さんへの気配りや毎日まわりの道路（水まき）や向かいの車にエアーでほこりを取ってくださるなど、掃除も丁寧でした。

　わからないことも詳しく説明していただき、何のトラブルもなく無事に、しかも安い費用で工事していただき本当に有難うございました。

・佐賀県佐賀市Mさん

　一生に一度の実家の解体。当方は東京在住で距離的・時間的に現場に行くことが困難な状況でしたが、適時に連絡をしていただき、工事の進捗状況もメールで写真を送ってもらい、ご近所からの苦情にも適切に対応していただきました。

・奈良県生駒郡Nさん

　工事契約前から市の補助金申請に協力いただき、おかげさまで補助金を受けることができました。工事着手まで不用品の片づけなど行っている間も、工事中も事務担当の方からこまめに連絡をいただき安心でした。工事に際しても、近隣及び歩行者にも丁寧に対応していただきました。

　建物解体後の更地整備も綺麗で、安心して地主さんへ返還することができ、肩の荷を下ろすことができました。ありがとうございました。

【当協会に届いたお客様の声】

今回紹介したメッセージはほんの一部であり、本当に多くの方が業者の対応や工事品質に感動されています。

当協会には実際に工事を行った方のメッセージが１６００件以上、解体業者への口コミも含めたら４５００件以上が寄せられており、それらはすべて『解体無料見積ガイド』で公開されています。

依頼前は解体業界にあまりよい印象を抱いていなかったからこそ、「ここまで親身になってくれるんだ」「こんなに丁寧な作業をしてくれるんだ」と驚かれる方もいます。

誠実な業者を厳選して依頼することで、大切な建物とのお別れを円満に終わらせることができるのです。

第２章のまとめ

①解体工事の依頼時は相見積もりが基本。価格をより適正に近づけ、納得感を持って依頼することが大切。

②解体費用を構成する基本要素は「本体工事費」「付帯工事費」「諸経費」である。

③追加費用が発生する場合や、工事費用が割増になる場合がある。それぞれの要因を把握しておくことで、いざという時の納得感に繋がる。

④解体業者のほとんどは優良業者である。実際の解体ユーザーの多くは、業者の誠実さ・対応のよさに感動している。

第3章

解体工事を先延ばしにしてはいけない理由

解体予定の建物を放置するデメリット

30坪の木造家屋を基準としても、解体工事では一般的に100万円～200万円程度の費用が必要です。その高額さから、取り壊すべき建物を所有していても放置する方は少なくありません。

しかしながら、解体予定の建物を放置することは、様々なデメリットに繋がります。本章では、なるべく早めに解体工事を検討したほうがよい理由を解説していきます。

1　人件費が年々高騰し続けているため

解体費用は全国的に高騰を続けている

あんしん解体業者認定協会の見積もりデータから見る「東京都 26～35坪の住宅 重機解体」の坪単価推移では、東京都の坪単価は2020年～2023年の間に15％上昇していることがわかります。

その他道府県の坪単価も概ね上昇傾向にあり、解体費用は全国的に高騰を続けています。これは当協会のデータに限った話ではなく、業界全体で生じている問題です。

【当協会の実績から見る解体費用】

当協会の実績データから見る26～35坪の住宅解体の坪単価推移

エリア	① 2015～2022年 平均坪単価	② 2023年 平均坪単価	①と②の比率 (値上がり率)
東京都	38,589円	44,353円	115%
埼玉県	34,819円	36,068円	104%
大阪府	36,437円	38,047円	104%

※重機による解体工事

では、なぜこのような現象が起きているのか。

それは解体業界全体で「職人の人件費」と「廃材の処分費」を引き上げざるを得ない状況が生まれているためです。

本トピックでは、業界が置かれている状況と実態を解説していきます。

人材難が進む建設・解体業界

近年、建設・解体業界では人材不足が叫ばれ続けています。

国土交通省の「最近の建設業をめぐる状況について」によれば、建設業の就業者は１９９７年の６８５万人をピークに下降を続け、２０２１年には４８２万人まで減少したとのことです。また、年齢層としてはそのうち55歳以上が35・５％、29歳以下が12・8%となっており、若手の人材不足も加速しています。

元より日本は少子高齢化が進行しており、多くの業界が若手の人材不足を訴えている状況。建設・解体業界はそれに輪を掛けて人材不足です。これは、過酷な労働環境のイメージが根深いことが要因として挙げられます。

例えば高所での作業や重機の操作などにおいては、どうしても怪我や死亡のリスクが付きまといます。加えて工期の制約が厳しく長時間労働を強いられる場面があったり、日給制の会社も多く生活が安定しなかったりなどといった、労働者にとってネックになるポイントがいくつかあります。

これらの要素から世間ではいわゆる「3K」(「きつい」「汚い」「危険」)と揶揄され、実態以上にマイナスなイメージが定着している節も否めません。これらの煽りを受けて業界全体の人材難が続けば、人件費は高騰し続けてしまいます。解体工事において職人の人件費は総工費の大きな割合を占めるため、年々上がる人件費の余波をダイレクトに受けているのです。

長い年月によって築き上げられてきた業界イメージと人材不足のサイクルは一朝一夕で解決するのが難しく、今後も人件費の高騰は続く見込みです。

【建設労働者の減少】

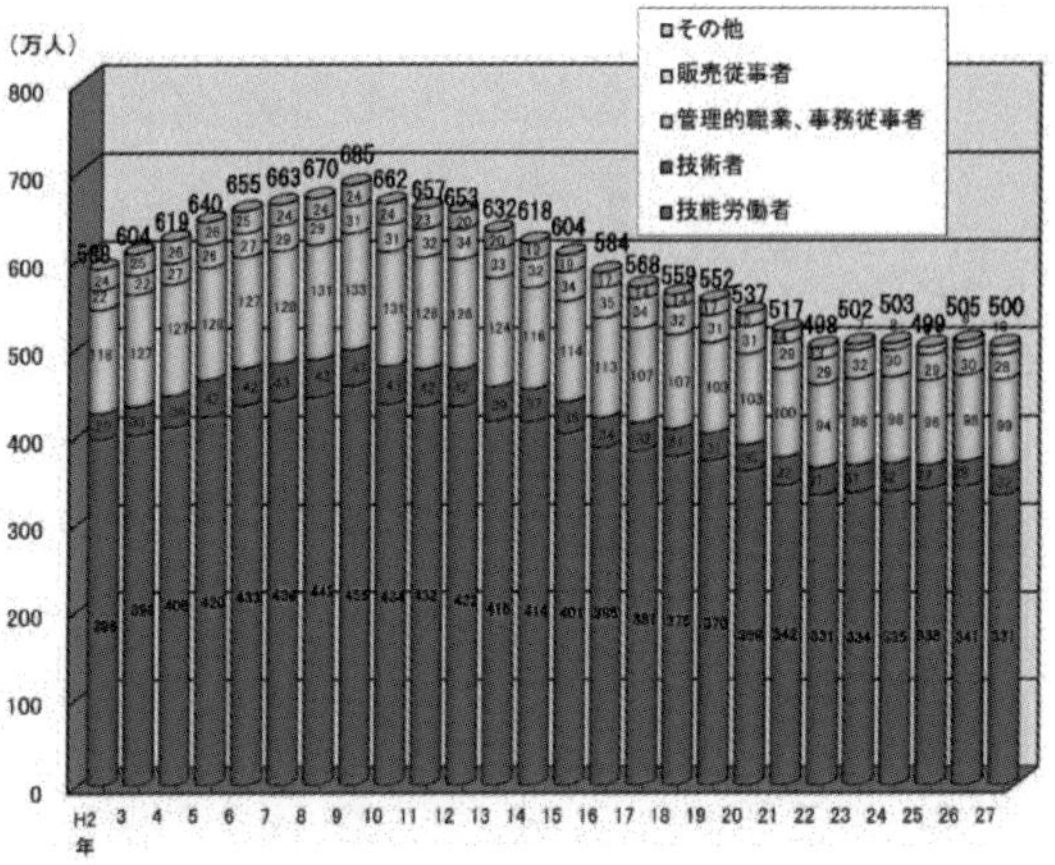

【建設労働者の高齢化】

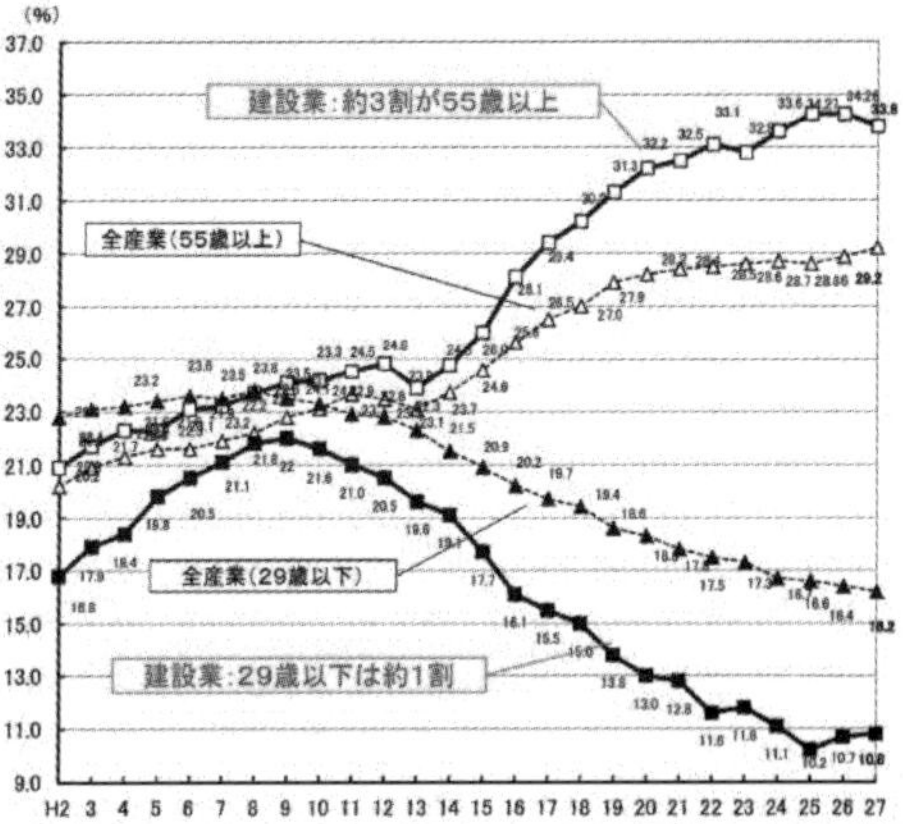

２０２４年問題による解体業界への影響

近年、日本全国の労働環境改善へ向けた「働き方改革」というフレーズが定着して久しくなりました。

この働き方改革に基づき、２０１９年には「働き方改革を推進するための関係法律の整備に関する法律案」が施行され、各業界の労働環境改善が図られています。

ただし、「物流」と「建設」の２つは多くのマンパワーが必要で早急な労働条件の改善が難しいため、法案の適用までに5年の猶予が与えられました。その猶予の切れるタイミングが２０２４年であることから、物流業と建設業が労働条件を改善しなければならない期限のことを「２０２４年問題」と呼びます。

「２０２４年問題」によって解体業界に何が起きているのか。まず、解体業に従事する職人たちの労働時間が減少し、かつ時間外労働の賃金が上昇します。これによって今までと同じ工期で解体することが難しくなり、解体工事にかかる日数が延びます。工期が延びるとそれだけ人件費がかかるため、解体費用は高騰します。

そして、工期が延びたことにより解体業者の年間施工件数が減少し、1件あたりの解体工事で以前より多くの利益を生み出す必要が生じ、解体費用は相乗的に高騰し続けるというカラクリです。

働き方改革により労働者への待遇改善が図られ、新規の労働者を獲得できる見込みがある一方で、現場や経営の視点からは様々な問題を抱えているのが実情です。

労働者の環境を是正する動きは社会全体で推進されているため、今後も解体費用は高騰し続けることが予想されます。

2　廃棄物の処分費用が年々高騰し続けているため

解体工事では人件費のみならず、廃棄物の処分費用も高騰しています。これは人件費と同じくこれから先も上がり続けることが予想されます。

最終処分場の余裕が少なくなってきている

リサイクルのできない廃棄物を最終的に埋め立てる場所を「最終処分場」と呼びます。最終処分場は国内に１６００施設ほど存在しますが、これらの土地の確保が近年では困難になりつつあります。

【産廃処理費用の価格指数】

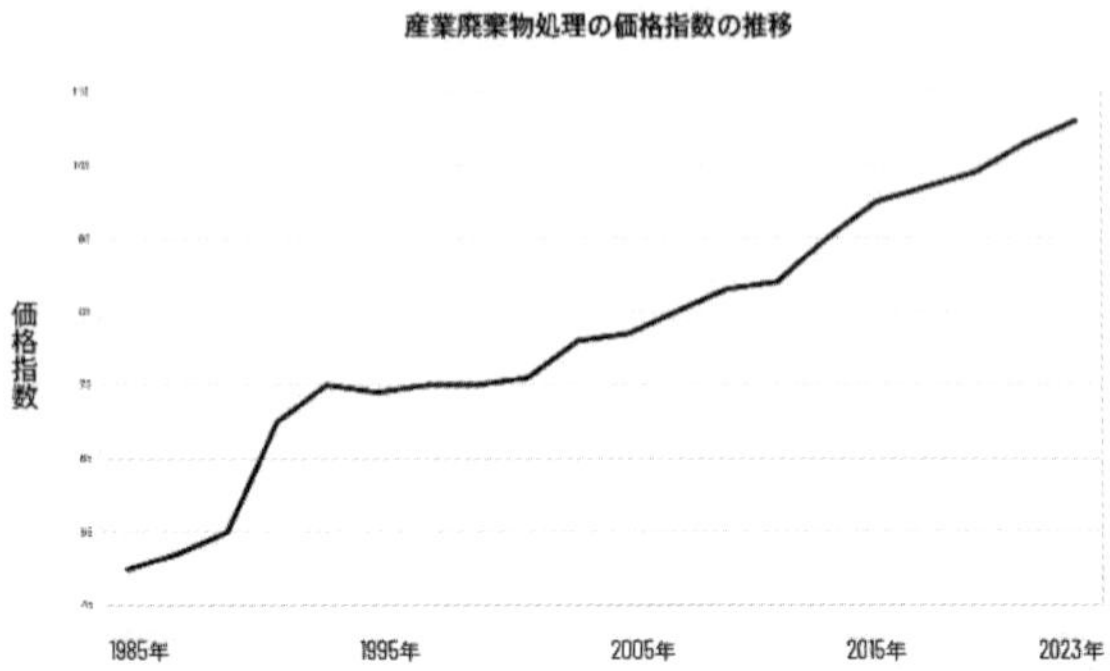

これは、中国が環境問題対策として打ち出した「廃棄物輸入規制政策」が主な要因です。中国は元々、国内の資源不足を補うために各国から資源ごみの輸入をしていました。これにより世界中の国々は、資源ごみを中国へ輸出することで自国の廃棄物処理問題を解決してきたのです。

しかし２０２１年から、中国は海外から資源ごみの輸入を全面的に禁止し、廃棄物処理を中国に依存していた各国が窮地に立たされています。

日本もその１つで、資源ごみの輸出が規制されてからというもの、国内の最終処分場の空き状況に余裕がなくなってきています。処分場を新設するにあたっては周辺住民との兼ね合いがあったり労働力が確保できなかったりと、対策があまり進んでいません。

こうした影響から、日本国内にある最終処分場での処分費用は値上がりし続けています。

令和3年度末に環境省が発表した、最終処分場の残余年数は23・5年です。最終処分場の確保は年々厳しくなっており、廃棄物の処分費用も上がり続けていくことが予想されます。

建設リサイクル法の観点から分別作業が徹底される

昔の解体工事では「ミンチ解体」といった、建物を一気にぐしゃっと取り壊すような工事が行われていました。「解体工事」といえば、この工法を思い浮かべる方もいらっしゃるかもしれません。

しかし現代では、この「ミンチ解体」は原則禁止となりました。これは、建設リサイクル法の施行に伴って廃材の分別作業が徹底されたためです。

以前までは建物を一気に取り壊し、廃材もすべて纏めて処分することが可能でしたが、現在はリサイクルできる廃材を項目ごとに仕分けして処分しなければなりません。

例えば、屋根の瓦や内装の石膏ボードを手作業で取り外したり、ガラスのみを纏めて

【ミンチ解体の様子】

割って処分したり、キッチンやトイレだけを取り壊したり、いわゆる重機での解体を行う前にやらなければいけない作業が満載です。

木造の建物であれば、建物の中に木材以外の素材がなくなるまで手作業で解体を行い、その後に重機で駆体を取り壊します。これはミンチ解体が行われていた頃と比べると格段に作業量が増えており、その分人件費も高騰しています。

3　空き家を所有するリスクは上がり続けるため

人が住まなくなったり、人の管理が行き届かなくなったりした建物を「空き家」と言います。

取り壊すのは億劫だからと放置されがちな空き家ですが、できるだけ早く利活用を考えるに越したことはありません。

社会全体の趨勢を鑑みるに「このまま空き家を放置し続ける」ということが、今後最もリスキーな選択になるためです。

空き家を所有し続けることで生まれ得るリスクを見ていきましょう。

【固定資産税の減税措置の早見表】

固定資産税の減税措置 早見表

新築住宅	一般住宅	固定資産税額1/2（マンション5年度分・戸建3年度分）
長期優良住宅		固定資産税額1/2（マンション7年度分・戸建5年度分）
住宅用地	200m²以下の部分	課税標準額1/6
	200m²超の部分	課税標準額1/3
リフォーム	耐震リフォーム	翌年度分の固定資産税額1/2減額
	バリアフリーリフォーム	翌年度分の固定資産税額1/3減額
	省エネリフォーム	翌年度分の固定資産税額1/3減額
	長期優良住宅化リフォーム	翌年度分の固定資産税額2/3減額

土地の固定資産税が最大6倍に増える

空き家を所有し続けると、土地にかかる固定資産税が6倍に増える可能性があります。

固定資産税とは、毎年1月1日時点で土地や建物などの固定資産を所有している人が、固定資産の所在する市区町村に納める税金のことです。固定資産税は、市区町村が課税対象である土地や家屋それぞれの資産価値を見積もり「固定資産税評価額」を決定します。

評価額に基づき固定資産税は決定されますが、条件を満たした「新築住宅」「住宅用地」「リフォーム住宅」には税率の「軽減措置」が適用されます。

しかし、2023年12月に施行された「空き家対策特別措置法」により、建物が特定空家等と認定された場合は軽減措置の適用外となります。

そのため最大6分の1の軽減措置が外れ、実質的に土地の固定資産税が6倍になるのです。

なお、すべての空き家が対象になるわけではなく、市区町村が「管理状態の悪い空き家である」とみなした建物に限られます。

とはいえ、地方自治体の空き家対策への意識は年々強まっており、今後もこういった規制は強化される見込みです。「今現在、自分は対象じゃないから」といって空き家を放置することはおすすめできません。

適切に管理されない空き家はトラブルに遭いやすい

空き巣や窃盗犯にとって、空き家は住人に見つかるリスクが極めて低いため、格好の的になる傾向にあります。

群馬県の発表によれば、県内にある空き家の空き巣被害件数は、2021年が62件、2022年が388件、2023年には680件と年々増加傾向にあるとのことです。

にもかかわらず、建物を空き家の状態で放置したり、空き家を倉庫として利用したりされる方は多くいらっしゃいます。

【空き家の空き巣被害】

茨城県 牛久市 CITY OF USHIKU

音声読み上げ　Language　文字サイズ　色合い　お問い合わせ

調べたいキーワードを入力してください。　例：住民票

ホーム｜くらし・手続き｜子育て・教育｜福祉・健康・医療・保険｜環境・まちづくり｜文化・スポーツ・観光｜仕事・産業・企業誘致｜市政情報｜緊急情報

ホーム ＞ くらし・手続き ＞ 住まいに関する情報 ＞ 空家等対策 ＞ ご注意ください！空家への空き巣被害が急増しています！

くらし・手続き

ご注意ください！空家への空き巣被害が急増しています！（2024年6月26日更新）

茨城県警察本部によると、県内の犯罪情勢は平成14年の刑法犯認知件数約68,000件をピークに年々減少を続け、令和3年にはピーク時の約5分の1となる約14,000件に減少したとのことです。

しかし、令和4年から2年連続で増加傾向となり、特に、**空家に対する窃盗事件**の**認知件数**は、**令和3年**は**173件**でしたが、**令和5年**は、**663件**と2年間で**4倍近く増加**と由々しき事態となっております。

空家に対する窃盗事件は、**被害の8割以上**が**窓ガラス等を破壊**され、建物内から現金や貴金属等が盗まれていることから、**建物内に**

・現金など貴重品を保管しない

・窓ガラスへの補助錠の設置や防犯フィルムの貼付け

くらし・手続き

住まいに関する情報

＞ 空家等対策

・令和6年度第2回牛久市空家等無料相談会の相談者募集

・空家等対策の推進に関する特別措置法に基づく略式代執行の終了について（岡見町）

・特定空家等の公告について（岡見町）

セキュリティーや周辺環境の管理を適切に行えば問題はありませんが、手入れや管理が不十分な空き家は、様々なトラブルを引き起こす可能性があります。

例えば、２０２４年に起きた、静岡県焼津市の空き巣被害。空き家に不法侵入され、エレキギターやギターアンプなど計60万円相当の金品が盗まれました。

他にも２０２４年愛媛県愛南町で空き家からエアコンの室外機が盗まれたり、２０２４年北海道江別市で空き家から現金やウイスキーが盗まれたりしています。

また、２０２４年浜松市の空き家で現金70万円を盗んだ４人グループは「神奈川、静岡、愛知で100件以上盗んだ」と供述しています。近年ではこのように組織的に徒党を組み、地域一帯が狙われるケースもあるため注意が必要です。

空き家に侵入する窃盗犯は、現金や宝石類以外にも、「銅」や「アルミ」などの金属を狙っているケースが多くあります。

直接的にはあまりお金になりそうに思えないものでも、分解して金属を入手されてしまうため、「自分の家には大したモノもないし大丈夫」と高をくくらないようにしましょう。

また、空き家が火災に見舞われる事例も確認されています。

2024年岐阜県下呂市で空き家から出火し、温泉街の飲食店など5棟に延焼しました。この空き家は数年前から無人になっていたとのことで、漏電のリスクや第三者による火の不始末などの可能性が示唆されています。

2019年に埼玉県秩父市の窃盗目的で侵入した空き家に放火をした事例などを踏まえると、誰かが意図的に火を放つ危険性も否定できません。

人通りがなく草木が生い茂っている場所で火災が起きた場合、その被害は甚大です。自分と周囲が大きなトラブルに見舞われないために、空き家の放置はしないに越したことはありません。

場合によっては行政が強制的に取り壊す

市区町村から空き家を取り壊すように勧告され、それを無視し続けると「行政代執行」により建物が取り壊されます。

「行政が取り壊してくれるならいいじゃないか」と思われるかもしれませんが、その取り壊しにかかる費用は当然、建物の所有者に請求されます。

しかも、行政は解体工事の費用を意図的に抑えようとはしないため、通常の解体工事よりも費用が高額になる傾向があるのです。

２０２２年に京都市が行政代執行をした事例では、空き家の所有者に７００万円の費用が請求されました。

老朽化が進んだ空き家は取り壊す際に手間を要しますが、一般的な大きさの家屋に７００万円はいくらなんでも高額です。自ら業者を選定して依頼をしたほうが費用を抑えられるので、行政代執行で取り壊される前に、自ら解体を決断することが望ましいと言えます。

なお、行政代執行後の費用請求を無視した場合、保有資産が差し押さえられる場合があります。「請求されても払わなければいい」とは絶対に考えないようにしましょう。

【行政代執行の事例①】

空家法に基づく行政代執行事例①：北海道旭川市

国土交通省

・平成20年頃、外壁が剥落しているなど管理不全状態の空き家があると近隣住民から通報を受ける。
・市は所有者に対し、継続的に建物の解体等その他保安上必要な措置を働きかけたが、経済的理由により危険状態を放置。平成29年3月に積雪により屋根の一部が崩落した。
・このまま放置すると積雪による建物の倒壊は不可避であり、敷地の前面道路の通行人や隣家に危害を及ぼす危険性が極めて高いとして、平成29年12月に建物の除却の行政代執行を実施。

物件概要	建築年	・昭和54年12月（登記年月日）
	構造・面積等	・木造2階建て（登記面積：約207㎡）
	状態	・老朽化による建物倒壊のおそれ
	土地等の所有者	・同一者が土地及び建物を所有
代執行に至るまでの経緯	所有者の特定	・登記簿謄本、固定資産税課税情報
	立入調査	・建築の技術職員4名が調査
	特定空家等の該当判断	・市判断基準に基づき担当課で判断
	自力解決の指導等	・平成20年から継続的に指導 ・平成27年10月9日：指導書を通知
	勧告	・平成27年12月2日（1回目） 平成29年2月2日（2回目）
	命令	・平成29年8月25日（戒告：10月11日）
	代執行	同年12月4日
	除却工事完了	・平成29年12月25日（延べ約18日）
	除却費用	・約410万円
	費用回収方法	・差押えとその公売（予定）

代執行前

代執行後

5

【行政代執行の事例②】

空家法に基づく行政代執行事例②：埼玉県坂戸市

国土交通省

・平成25年に近隣住民から草木の繁茂について、平成26年に通学路に面する物置の屋根ふき材が剥落する危険があるとの通報があり、市は所有者に対し助言・指導、勧告、命令及び条例に基づく命令違反者の氏名公表を行ってきたが、所有者は改善措置をとらず保安上危険な状態を放置。
・敷地は通学路に面し、放置すると通行人や隣家に危害を及ぼす危険性が高いため、市は平成30年1月に、物置の屋根ふき材の剥落及び飛散防止措置（メッシュシート掛け）と越境立木等の剪定の行政代執行を実施。

物件概要	建築年（物置）	・昭和20年（月日不詳）
	構造・面積等	・木造2階建（延床面積：46.18㎡）
	状態	・屋根ふき材の剥落と飛散のおそれ
	土地等の所有者	・同一者が土地及び建物を所有
行政代執行に至るまでの経緯	所有者の特定	・登記簿謄本、戸籍情報、固定資産税等
	立入調査	・審査会委員3名及び職員にて調査
	特定空家等の該当判断	・市空き家等対策審査会の意見を踏まえ、市長が認定
	自力解決の指導等	・平成25年から複数回行政指導 ・平成28年11月17日：助言・指導
	勧告	・平成29年2月6日
	命令	・　同年5月1日（戒告：12月1日） ※市条例に基づく命令違反者等の氏名公表（同年11月21日）
	代執行年月日	・平成30年 1月30日開始 ・　同年 1月31日完了（延べ約2日）
	飛散防止等費用	・約65万円
	費用回収方法	・所有者に請求（3月5日納付命令書送付）

代執行前

代執行後

6

第３章のまとめ

①人材の確保が年々難しくなっている
解体業界では、職人の人件費が上がり続けている。

②中国の輸入規制や日本の法整備により廃棄物の処分費用が上がり続けている。

③空き家を放置していると空き巣や放火などの被害に遭うリスクが高くなる。

④空き家を放置してよいことは１つもない。
早めの利活用検討がおすすめ。

第4章　自分で解体費用を抑える方法

優良な解体業者へ依頼すると極めて相場に近い金額で契約することができますが、本章では依頼主自身でできる解体費用を抑えるコツをお伝えします。

解体工事は１００万円単位の費用がかかるイベントなため、少しでも出費を抑えられるように立ち回っていきましょう。

1　建て替え工事の場合は分離発注を行う

解体と新築の工事を分離発注する

解体工事の目的としてオーソドックスな建て替え工事。新しい住まいを建てるために古い家を取り壊される方は多くいらっしゃいます。

建て替えを行う場合は、「解体」と「新築」それぞれの工事で分離発注することをおすすめします。「解体」と「新築」をワンストップで請け負っている業者の中には、解体工事を下請けに依頼しているケースが含まれているためです。

なお分離発注とは、解体工事を解体業者へ、新築工事を建築業者（ハウスメーカー・工務店）に依頼することです。

【多重下請け構造ピラミッド】

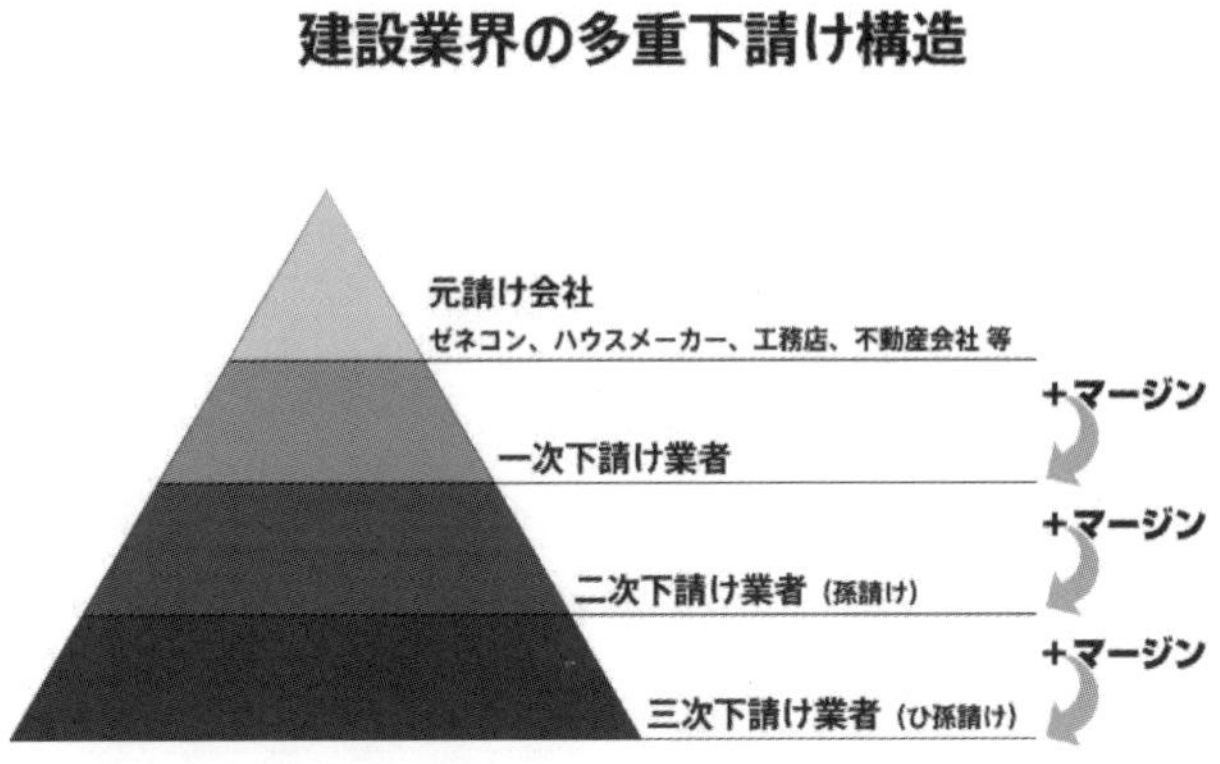

解体業界の多重下請け構造を理解する

建築・解体業界では、大手ほど「多重下請け構造」がベースになっています。多重下請け構造とは、解体工事を受注した元請け会社が下請け会社である一次請けに仕事を依頼し、一次請けがさらに二次請けへ依頼し……といった複数の請負会社を挟む構造のことです。

一次請け、二次請け、三次請けと関係する業者が増えるほど、それに伴い中間マージンが発生します。

中間マージンとは、商品等を仕入れて販売する際に仕入額と販売価格の差額として発生する利益のことで、解体工事の場合は「工事原価と請負金額との差」が中間マージンとなります。

二次請け三次請けに仕事を依頼するハウス

メーカー等に解体工事を依頼した場合は、それだけ中間マージンが発生してしまうため、本来の金額よりも割増で依頼をすることになります。

これを回避するためには、自社施工をしている解体業者に直接依頼することが大切です。多重下請け構造を採用している業者に依頼する場合と比べて、解体業者に直接依頼をすれば費用を20％～30％ほどカットできます。

建築を主に行っている会社は解体工事を下請けに依頼しているケースが多いため、「餅は餅屋」の精神で解体業者に直接依頼することが大切です。

2　解体業者へ値引き交渉を行う

値引き交渉には相見積もりが有効な手段

解体費用を抑えるために、解体業者へ直接値引き交渉をするという手段もあります。特に相見積もりを行っている場合は、他社の見積金額と比較しながら交渉を進めることができます。

解体業者は依頼を受けるために他社の金額を気にかけて割引を行うケースが多いので、

その意味でも相見積もりは有効な手段です。

解体費用の値引き交渉は全く問題ない

そもそも、解体業者に対して値引き交渉するといった発想がない方も多いのではないでしょうか。もしくは「値引き交渉をしたいけど、失礼にあたるかもしれない」と気が引けている方もいらっしゃると思います。

大丈夫です。解体業者に対して値引き交渉を行うことは、作法さえ守っていれば失礼にあたりません。その作法とは「解体業者に対して誠実であること」です。

まずは「対応や人柄が気に入ったから、あなたの所へ依頼したい」という気持ちをストレートに伝えた上で、「依頼を決めたいので、もう少しお値引きできませんか」と伝えましょう。こういったやり取りであれば失礼にあたりません。

ただし、もちろんこれは「本当に依頼の意思がある場合」のみ有効です。依頼するつもりがないのに、どの業者にも「値引きしてよ」と伝えるのは非常に不誠実。値引きをしてもらったからにはちゃんと依頼をしましょう。業者から実際に値引きをしてもらった場合は、他での相見積もりを終わらせて、その業者に正式な依頼をしましょう。

工期の余裕を交渉材料にする

解体業者は通常、数か月先までの工事スケジュールが埋まっているものです。そのため「1か月以内に取り壊してほしい」と急な依頼をした場合、業者は無理をしてスケジュールの調整を行います。そのケースでは、無理を効かせた分の費用が割増になることがあります。ちなみに当協会にご依頼いただく方の多くは、着工の3か月ほど前に見積もり依頼を行います。

そこで、1年くらいの余裕を持ち「都合のいい時期に取り壊して大丈夫ですよ」とお願いすれば、業者側としては閑散期やスケジュールの空き日に対応できるため、通常の依頼よりも値引きがしやすくなります。

通常、解体業者はどうしても年間で空きスケジュールができてしまいます。単なる閑散期だけでなく「不動産の売却が白紙になって解体工事が不要になった」「依頼主の都合で他に安い業者が見つかった」などの理由で、急なキャンセルが発生することがあるためです。

解体業者としては、こういった急な事態による空きスケジュールが生まれるのは是が非でも避けたいため、都合よくそこを埋められるメリットは大きいと言えます。

3　残置物は依頼主側で処分する

残置物の処分の仕方

室内に残された不用品である「残置物」は、依頼主側で処分したほうが解体費用を抑えられます。基本的に残置物の処分費用はトラックに載るゴミの総量で決まるため、自身で処分できるものから減らし、残置物の総量を少なくすることが大切です。

特に「陶器」や「布団」などのかさばるモノは、自身で処分しておきましょう。ここでは、具体的な処分方法をお伝えします。

残置物の分別・処分方法

■貴重品・遺品

ごみを処分する前に、まずは「貴重品」を仕分けしましょう。取り壊す建物の中には、現金や証券、貴金属などの貴重品が残されている場合があります。

こういった貴重品を建物内に残したままにしておくと、後々業者との間でトラブルが発生しかねません。例えば建物を取り壊した後に現金が残されていることを思い出したが、業者に確認しても心当たりがないと言われ、行き違いが発生するような事例も存在します。

また、建物内に遺品が残されているケースがあります。遺品の価値は、故人と残された人たちの背景や思い出によって左右されるため、「これは取り壊してはいけない」と解体業者が気づくことはできません。そのため、当人たちにとって大切なものが残されていないかは、解体前に必ず自身で確認しましょう。

中には遺品整理を請け負っている解体業者も存在するため、必要であればワンストップで依頼することも可能です。

■粗大ごみ

捨ててはいけないモノの整理が終わったら、次は粗大ごみの撤去がおすすめです。粗大ごみを撤去すると建物内にある程度のスペースが生まれ、その後の片づけがしやすくなるためです。

粗大ごみとは一般に、全長が40㎝を超えるごみを指します。後述の「家電4品目」の対象にならない家電や、家具などは粗大ごみとして処分してください。

基本的には建物が所在する市区町村へ連絡を入れ、粗大ごみを処分するための費用と引取り日時を確認して処分します。粗大ごみは容量の大きいものが多いため、残置物の費用を抑えるために優先的な処分をおすすめします。

■家電4品目

家電の中でも「エアコン（壁掛け型・床置き型）」「テレビ（ブラウン管・液晶・プラズマ式）」「冷蔵庫・冷凍庫」「洗濯機・衣類乾燥機」は家電4品目に数えられ、家電リサイクル法の対象になります。

家電リサイクル法とは、特定の家電から有用な部品や材料をリサイクルするために、指定の手順を踏んで処分することを定めた法律です。

基本的には処分する家電を購入したお店に引き取りを依頼することになるため、購入店が特定できる場合は処分依頼の連絡を入れてください。

購入したお店がどこかわからない場合は、それぞれの市区町村で定められた方法によって処分されます。粗大ごみ同様、こちらも市区町村に連絡を入れることで処分方法を確認できます。

また、郵便局振込方式で料金を支払い、自身で指定引取場所に直接持ち込む方法もあります。

■パソコン

パソコンはまず、内部のデータを綺麗に削除しましょう。使用していた人の住所や名前、クレジットカードの暗証番号などの個人情報が残されている場合があるためです。データの削除が完了したら、パソコンに「PCリサイクルマーク」があるかを確認します。一般的には製造番号が記されている部分に記載されているため、ノートパソコンの場合は裏面まで確認してください。

PCリサイクルマークがあるパソコンは、そのパソコンを製作したメーカーに引き取ってもらうことが可能です。しかも送料は着払いで問題ないため、処分費用がかかりません。

一方、PCリサイクルマークがない場合は、メーカーに有料で処分してもらうか、家電量販店のパソコン買い取りサービスを利用するのがおすすめです。型が古いものや状態が悪いものでも無料で引き取ってもらえる場合がほとんどです。

■家庭ごみ・一般ごみ

自治体が指定する「一般ごみ」の対象になっている家庭ごみや日用品などは、地域のごみ回収日に処分しましょう。「缶・びん・ペットボトル」「段ボール」なども対象です。

【残置物イラスト】

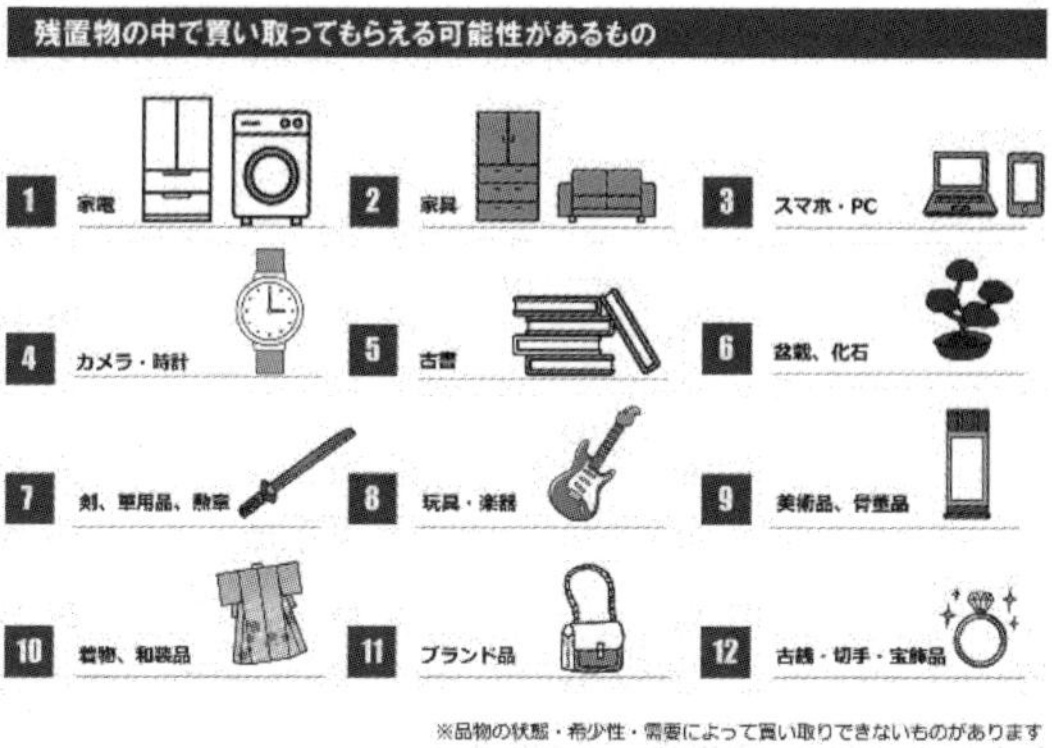
残置物の中で買い取ってもらえる可能性があるもの
1 家電
2 家具
3 スマホ・PC
4 カメラ・時計
5 古書
6 盆栽、化石
7 剣、軍用品、勲章
8 玩具・楽器
9 美術品、骨董品
10 着物、和装品
11 ブランド品
12 古銭・切手・宝飾品
※品物の状態・希少性・需要によって買い取りできないものがあります

残置物の賢い処分方法
ポイント1 家電4品目を購入した店舗で引取できるか確認
テレビ
冷蔵庫
エアコン
洗濯機
ポイント2 解体業者に依頼すると割高になるものは地域のごみ回収日に処分
衣類
布団類
食器・陶器類
ポイント3 全長40cmを超えるごみは粗大ゴミとして処分
木製のタンス
木製のテーブル
金属製の棚

4　市区町村の補助金・助成金を活用する

現在、全国の地方自治体では解体工事に関連する補助金・助成金を支給する制度を設けています。

これは、老朽化した建物が各市区町村の景観や環境に大きな被害を与えているためです。特に空き家の増加問題は年々その緊急性が議論されており、全国各地で熱量の高い問題になっています。

そのため、あなたが建物を取り壊す地域でも補助金制度が設けられている可能性は多いにあります。依頼前に制度の有無を必ず確認しておきましょう。

古くなった建物の解体工事で支給される補助金制度

多くの地域では「老朽化した建物」「空き家」「耐震性の低い建物」を対象に、解体費用の補助をしています。耐久性に難があるとみなされた建物は景観を悪くしたり、倒壊して周囲に被害をもたらしたりするため、各地で建物の撤去が推し進められています。

【補助金・世田谷区・不燃化特区】

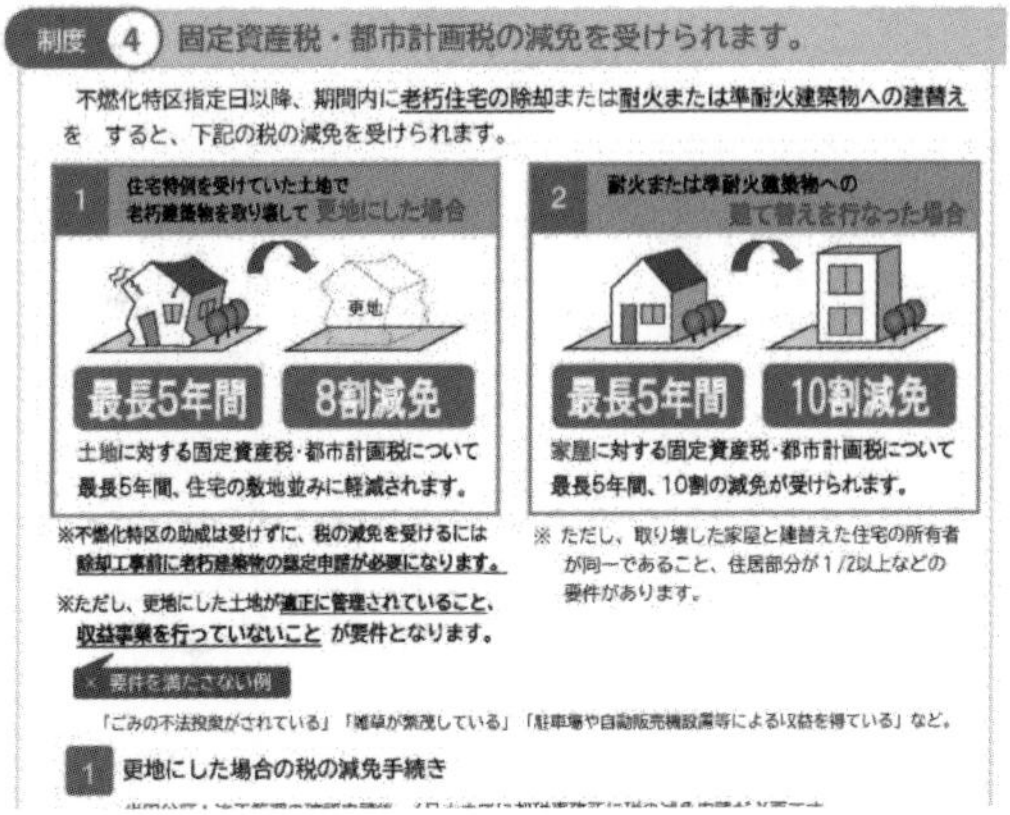

■東京都葛飾区の場合

２０２４年度の東京都葛飾区では、老朽化した建物を取り壊す区民を対象として最大200万円を支給する補助金制度を設けています。

これは葛飾区内の不燃化特区化を進めるために、耐火性の低い住宅を撤去する試みの一環です。申請期間は約1年半で、予算内の応募を上限とした先着順になります。

しかしながら、申請と受給はそう簡単なものではありません。市区町村ごとに細かい申請条件が設けられているため、申請の際は自身に当てはまるかをチェックしておきましょう。

なお、葛飾区の申請条件は次のようなものです。

【2024年 葛飾区不燃化特区老朽建築物除却助成金】

- 申請者は、個人であること
- 申請者は、区税等を滞納していない者であること
- 申請者は、対象の住宅の所有者またはその相続人であること
- 申請者は、申請前に事前相談を行った者であること
- 申請者は、暴力団員または暴力団と密接な関係を有しない者であること
- 対象の住宅は、耐用年数の3分の2が経過しており、耐火または準耐火建築物でないもの
- 対象の住宅は、適正な管理がされておらず、区の調査により延焼防止上危険であると判断されたもの
- 対象の住宅は、密集区街地における防災街区の整備の促進に関する法律第13条第1項に規定する延焼防止上危険であると判断されたもの
- 対象の住宅は、区が指定する不燃化特区内に所在するものであること
- 対象の住宅は、住宅、共同住宅、長屋住宅又は店舗併用住宅（延べ面積の2分の1以

上が居住用）であるもの
・対象の住宅は、所有権以外の権利（抵当権など）が設定されていないものであること
・対象の住宅は、昭和56年５月31日以前に建築されたものであること
・対象の住宅は、木造もしくは鉄骨造であること
・対象工事は、建設業法または建設リサイクル法に規定する許可を事前に取得している業者に請け負わせる工事であること
・対象工事は、補助金の交付決定後に業者と請負契約をした工事であること
・対象工事は、原則として対象の住宅の全部を除却し更地にする工事であること

解体工事に関わる工事で支給される補助金制度

解体工事に関連して支給される補助金制度は、建物の取り壊しに限った話ではありません。

多くの敷地に設置されている「ブロック塀」の取り壊しに対しても補助金を設けている地域があります。

■神奈川県鎌倉市の場合

２０２４年度の神奈川県鎌倉市では、安全性の低いブロック塀の除却工事を行う市民に対して、補助金を支給しています。

ブロック塀は倒壊すると歩行者に怪我を負わせたり、災害時に緊急車両の通行を妨げたりする可能性があるため、特に通学路などではブロック塀の撤去や補修が推し進められています。

なお、鎌倉市の申請条件は次のようなものです。

【鎌倉市危険ブロック塀等対策事業補助金】

- 対象の塀は、市内に存するブロック塀等であること
- 対象の塀は、建築基準法上の明らかな違反がないブロック塀等であること
- 対象の塀は、市が指定する事前診断の結果「危険である」と判断されたブロック塀等であること
- 対象の塀は、市が指定する道路に面しているブロック塀等であること
- 対象の塀は、道路からの高さが１ｍ以上のブロック塀等であること

・対象の塀は、過去にこの補助金を利用した工事を行ったことがないブロック塀等であること
・申請者は、対象の塀の所有者もしくは管理者であること
・申請者は、他に所有者等が存在する場合、その全員から同意を得て申請を行う者であること
・申請者は、市税等を滞納していない者であること
・申請者は、申請前に事前相談を行った者であること
・対象工事は、対象のブロック塀をすべて撤去するものであるか、安全性があると判断される高さまで一部を撤去する工事であること

5　滅失登記の手続を依頼主側で行う

滅失登記の手続を依頼主側で行う

建物を解体した後には、工事完了後1か月以内に「滅失登記」の手続を済ませる必要

があります。滅失登記とは、建物が存在しなくなったことを建物登記簿に反映させるための手続です。この手続を土地家屋調査士にお願いした場合は、3万円～5万円程度の費用がかかりますが、建物の所有者が行えば無料で完了できます。

「登記」と聞くと複雑な工程を想像されるかもしれませんが、当協会を通して解体をした多くのユーザーがご自身で手続を行っています。ここでは手続の流れをお伝えしますので、余力のある方はトライしてみましょう。

ステップ①：申請する法務局を探す

建物滅失登記は、その建物を管轄する法務局に申請を行います。インターネットで「○○市　管轄　法務局」と検索することで、管轄の法務局が特定できます。

ただし、タイミングにより法務局は統廃合されている場合があるため、念のため電話をして所在地に誤りがないか確認しておくと安心です。

ステップ②：申請に必要な書類を準備する

申請の前に準備する書類は「建物滅失登記申請書」と「建物の案内地図」の2点です。

【建物滅失登記の概略】

自分でできる！
「建物滅失登記」の概略

「建物滅失登記」とは建物の登記登録を抹消する手続きです。登記してある建物を取り壊した場合、1ヶ月以内に行わなければなりません（登記を怠った場合は10万円以下の過料）。

土地家屋調査士などの専門家に頼むと費用が最低でも3万円～5万円程度かかりますが、ご自身で簡単に申請することができます。手続きに特別な専門知識もいりません。
まずは、概略をご説明します。

いつ行う？	建物の取り壊し日から1ヵ月以内 ※登記を怠った場合10万円以下の過料
どこで行う？	建物の所在地を管轄する法務局 オンライン申請も可能（※別紙参照）
誰が行う？	原則建物の名義人（又は相続人） 土地家屋調査士などに代行依頼も可能
何を提出する？	①建物滅失登記申請書②案内図③建物滅失証明書 ④解体業者の印鑑証明⑤業者の登記簿謄本など
いくらかかる？	手数料などはかかりません ※法務局への交通費や証明書発行手数料除く

あんしん解体業者認定協会　　建物滅失登記マニュアルP.1

「建物滅失登記申請書」は、法務局のホームページからダウンロードするか、法務局の窓口で受け取ることができます。用紙を入手した後は、ホームページ等に掲載されている記載例を参考に記入を進めてください。

「建物の案内地図」に厳密な規定はありません。グーグルマップや住宅地図などを印刷し、該当の建物がわかるようにペンで印を付けていればＯＫです。

ステップ③：解体業者から必要書類が送付される

解体工事が完了したら、解体業者から必要書類が送付されます。

滅失登記に必要なのは「建物滅失証明書」「解体業者の印鑑証明」「解体業者の資格証明書または会社登記簿謄本」の３点です。

▼建物滅失証明書

建物が取り壊されたことを、実際に建物を解体した業者が証明する書類です。滅失登記を行うにあたり、本当に建物が取り壊されたのかを証明する証拠の1つになります。

建物滅失証明書は解体業者が発行し、工事後に手渡しか送付にて受け取ります。なお、解体業者が個人の場合は「業者個人の住所、氏名、実印」が記されており、解体業者が法人の場合は「会社の本店商号、代表者名、会社の代表印」が記されています。

▼解体業者の印鑑証明

市区町村の役所に登録された印鑑（実印）が、本人のものであると公的に証明する書類です。

「建物滅失証明書」に押された実印が本物かを証明するために必要になります。

▼解体業者の資格証明書または会社登記簿謄本

解体業者が本当に建物を取り壊せる資格を持っているのかを示したものが「解体業の資格証明書」です。解体業者が法人の場合は「会社登記簿謄本」という、会社の登記情報を証明する書類が必要になります。

要するに、右記の3点の書類で「建物を取り壊したこと」「取り壊した業者を騙っていないこと」「取り壊した業者が解体の資格を保有していること」を証明する必要があるのです。

なお、資格証明書に関しては建物滅失登記証明書に解体業者の法人番号12桁の記載があれば書類の提出を省略することができます。印鑑証明に関しても法人番号で代替できる場合がありますので、各自治体に確認しておきましょう。

ステップ④：必要書類を法務局へ提出

書類の用意が整ったら、それらを法務局の「不動産登記部門」の「表示」係へ提出します。窓口で直接提出するか、郵送にて申請を行う方法が一般的です。

郵送にて申請を行う場合は、封筒の表面に【不動産登記申請書在中】と記載し、書留郵便で送ります。なお、書類は「建物滅失登記申請書」「建物の案内図」「建物滅失証明書」「解体業者の印鑑証明」「解体業者の資格証明または法人登記簿謄本」の順番に上から重ね、書類の左上をホッチキスで留めてから郵送します。

なお、登記が完了する目安日を補正日と言います。補正日はおおよそ申請から1週間程度が目安ですが、心配な場合は申請の際に対面や電話などで確認しておきましょう。

ステップ⑤：登記完了の確認

提出書類に不備がなければ、申請から1週間程度で登記が完了します。補正日までに法務局から何も連絡がなければ、問題なく登記が完了したと考えて差し支えありません。本当に完了したか不安な場合は電話で確認することもできます。

また、建物滅失登記が完了すると、「登記完了証」という書類が交付されます。あらかじめ郵送での返却手続をしておけば、郵便で送られてきます。これで手続はすべて完了です。

以上が、自身で建物滅失登記を申請する手順になります。そこまで煩雑な手続は必要ないため、余力がある方はぜひご自身で行ってみてください。

【建物滅失登記の手順】

つまり申請者は、

① 管轄の法務局を調べ

② 申請書に必要事項を記入

③ 業者から書類を受け取り

④ 法務局へ書類を提出

⑤ 登記完了を確認する

だけです。

第４章のまとめ

①建て替えの場合は分離発注が基本。
解体は解体業者、新築は建築業者へ依頼することで中間マージンを省ける。

②残置物は依頼主自身で処分するのがおすすめ。全てを処分できなくても、ゴミの総量を減らすだけでコストカットに繋がる。

③解体工事に関連する補助金を支給している地域がある。解体工事を依頼する前に制度の有無は要確認。

④建物滅失登記は依頼主側で簡単に手続できる。
自身で投棄を完了させると数万円のコストカットに。

第5章

解体工事の進め方①
依頼から着工まで

解体工事の工程

本章では、実際に解体工事を進めるにあたって、どのような工程が発生するのかを説明します。

解体工事着工までの流れを把握していないと「着工前に依頼主が終えるべきことをしていない」「契約のタイミングが遅くてお願いしたい解体業者に請け負ってもらえない」など、工事が上手く進まないリスクが高くなります。

まずは、解体工事依頼から着工するまでの流れを確認しておきましょう。

1 解体工事が本当に必要か話し合い、決定する

まず初めにするべきは、その建物を本当に解体する必要があるのか、家族や親族と話し合うことです。なぜなら、建物や土地の最適な活用方法は人により異なるためです。

建て替えの場合

古い建物を取り壊して新築を建てる場合、解体工事は必ず実施されます。基本的には

【空き家処分の意思決定フローチャート】

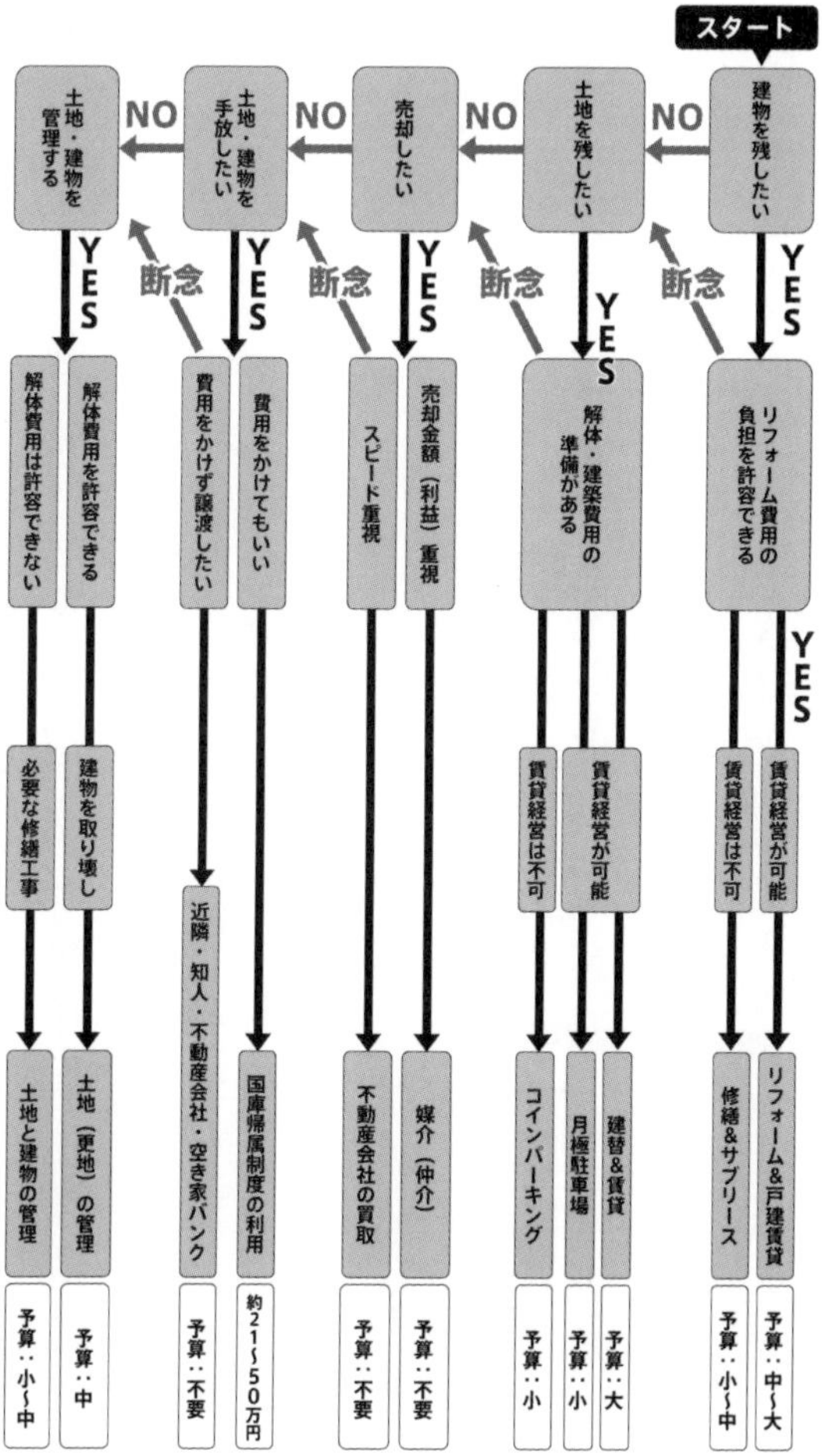

解体工事へ向けて話を進めて問題ありませんが「必ずしも建物の所有者が解体工事を依頼するとは限らない」という点にだけ注意しましょう。

例えば建物付きの土地を購入した場合、土地の売り手が解体を請け負うケースがあります。基本的に建物付きの土地は更地に比べて需要が低いため、売り手が解体を請け負うことで売却促進を図ることが目的です。

また、土地の売り手は解体費用も譲渡経費として認められるため、節税対策も兼ねています。

土地売却の場合

不動産業界の風潮としては「建物付きの土地よりも更地の方が価値が高い」とされ、土地売却のために解体工事を推奨されることもしばしばです。

価値や需要の点において更地のほうが優れているという見解は正しいのですが、本書では基本的に「まず建物付きで売りに出す」ことをおすすめします。これは、更地にしてしまうと「買い手がつかなかった場合のデメリット」が大きいためです。

まず、土地から建物がなくなると、税率の軽減措置が外されるため土地の固定資産税が最大６倍になります。加えて、建物を壊してから年月が経過しすぎると、解体費用が譲渡経費として認められなくなるため、節税対策として活用できなくなります。

需要が高い土地で買い手が現れる見込みがあれば更地にしても問題ありませんが、需要の低い土地では一旦建物付きで売りに出したほうがリスクは低いと言えます。その際は不動産会社の協力のもと「解体工事」の条件付きで売りに出すことをおすすめします。

リフォーム・リノベーションの場合

建物を解体せずに、リフォーム・リノベーションしたいという方もいらっしゃると思います。

その場合は、建物の内側だけを撤去する「内装解体」が必要になります。

内装解体では基礎や駆体はそのままにするため、現代の耐震基準に合わせるための免震システムや耐震補強が施されます。

住まいの間取りや動線に不満を感じている方はリノベーションを選択されることがありますが、建物全体を対象とした「フルリノベーション」は新築と大差のない金額になることもあるため、建て替えとどちらが適しているか慎重に検討する必要があります。

土地活用の場合

土地活用の場合、多くは一旦更地にする必要があるため、解体を行います。

土地活用の例で最もオーソドックスなのはコインパーキングや月極駐車場の施工です。コインパーキングでは、土地管理を行う会社次第では解体費用等の初期費用を負担してくれる場合があります。

また、解体業者の中には駐車場の施工を請け負える業者も存在するため、ワンストップで依頼することでスムーズな対応をしてくれる場合もあります。

解体工事を依頼する前に、費用や施工を誰が担うか検討しておきましょう。

借地返却の場合

借地返却の場合、原則として土地の借り主側が解体を行います。ただし、地主の意向次第では解体工事を負担してくれる場合があります。

いずれにしても、借地上にある建物を解体すると土地の固定資産税が変動するため、解体する前に地主へ相談する必要があります。

借地返却の場合は家族や親族だけでなく、地主との間で齟齬や遺恨が発生しないように話し合いを進める必要があります。

解体する範囲や建物の構造を把握する

解体工事を依頼する前に、建物の構造が木造・軽量鉄骨造・鉄骨造・鉄筋コンクリート造のどれに当たるのか、坪数（平米）はどれくらいなのかを確認しておきましょう。建物の登記簿を取得することで確認が可能です。

また、建物や設備の性質を確認した上で「敷地内で撤去するもの（ブロック塀など）はどれか」「取り壊してはいけないものはどれか」を事前に確認しておく必要があります。これは、相見積もりの際に発生する業者ごとの認識ズレをなくすためです。

すべての業者が同じ認識と条件のもとで見積もりをしないと、出てくる見積書間での比較ができなくなってしまいます。次の要件は必ず確認と共有をしておきましょう。

【解体工事の相見積もり前に確認すること】

- 境界杭の位置はどこか、近隣との境界線はどうなっているか
- ブロック塀はどこまで取り壊すか

・シンボルツリーなどの残す植木はあるか
・庭石、池、井戸、駐車場の土間、カーポート、倉庫などの設備はどうするか
・自分で処分できない残置物はあるか
・解体時期や工事の期限

2 解体業者を探して契約する

解体業者へ直接依頼したほうがよい

準備が整ったら解体業者を探して契約を行います。先述の通り、多重下請け構造を採用しているメーカーに依頼するよりも、解体業者へ直接依頼したほうが中間マージンをカットできます。

解体業者へ見積もりを依頼する

基本的な流れとしては、まずはインターネットで「地域名 解体業者」等で検索をかけ、

相見積もりを取る業者を調査します。この際、業者選定のポイントをいくつか押さえておくと効果的です。

さらに詳しい選定ポイントは第7章「安心して依頼できる『優良解体業者』の条件とは」の「優良業者のチェックリスト18か条」（１６０頁）で解説していますので参考にしてください。

■ホームページを持っている業者かどうか

ホームページを持っている業者は開示されている情報が多く、判断材料に長けています。

所有していない業者が悪いということではなく、より多くの情報を得られるという点でホームページを持っているほうが判断しやすいのです。

■解体工事を専門的に行っているかどうか

解体工事を専門的に行っている業者のほうが、より多くの経験と豊富な技術を有している可能性があります。解体工事は建設業の傍らに請け負っている業者も多いため、「単に解体工事もできる業者」なのか「解体工事を中心に請け負っている業者」なのかを見極めたいところです。

まずはホームページの事業内容を確認してみましょう。解体工事の事業内容をホームページの上部に、または大々的に取り上げているのであれば主たる事業であると判断できますが、記載情報が少なければ副次的な事業である可能性があります。

また、それに伴って工事実績や口コミも確認しておきましょう。解体工事の実績が多く掲載されているか。ホームページに限らずグーグル口コミや口コミサイトにレビューが掲載されていて、どんなことが書かれているかをチェックしておくと判断の材料になります。

■連絡が付きやすい業者かどうか

電話やメールで見積もりの依頼をした際に、連絡が付きやすい業者かどうかも判断したいポイントです。

工事完了までには業者と何度もやり取りをすることになりますし、もしトラブルが起きた場合に迅速な対応をしてくれるかどうかも大切なため、連絡の付きやすさは重視しましょう。

何回かメールで問い合わせしても返答がない、電話してもいつも繋がらないといった業者は避けるのが無難です。

■行政処分等を受けている業者ではないか

ネガティブチェックとして、過去に行政処分などを受けている業者でないかも確認しておきましょう。

不法投棄による処分があるか調べたい場合は「産業廃棄物処理業者 行政処分 地域名」で検索すると、対象都道府県が処分を下した業者の一覧を確認できます。

また、「危険な解体工事を行う」といった建設業による違反歴は、国土交通省の「ネガティブ情報等検索サイト」で調べることができます。

自身で業者を探す際は、本当によい業者か不安になると思いますので、ネガティブチェックも念入りに行っておきましょう。

他にも「建設業者・宅建業者等企業情報検索システム」では本当に各許可を持っているかを調べたりすることもできます。

【現地調査風景】

現地調査を行う

解体業者に見積もり依頼をしたら、次は現地調査が始まります。現地調査とは、解体業者が見積もりを出すために建物と敷地を調査することです。依頼主と解体業者の認識にズレがないよう、この時点で詳細をすり合わせておきましょう。

また、現地立ち会いの手間を減らすためには、見積依頼をした業者はすべて同じ日に現地調査の日程を組むのが望ましいです。ただし、複数の業者を同じタイミングで呼ぶのはマナー違反になります。前の業者が終わったタイミングで次の業者が来るのが望ましいので、45分～1時間程度のインターバルを設けて日程を組みます。

なお、現地調査にかかる時間は15分～30分程度で、建物や敷地の要件が複雑になるほど時間がかかります。

見積書の取得・比較検討を行う

現地調査が完了したら、それぞれの解体業者から見積書が送られてきます。大体1週間前後で送付されますが、遅い業者だと半月ほどかかります。もし1か月経っても送られてこなかった場合は、管理不足による遅延と考えていいでしょう。

見積書が出揃ったら、見積書の比較検討を行います。見積内容の違いや比較方法は第1章「『解体業者』の選び方で、工事の質は劇的に変わる」の「知れば知るほど「安心」「安全」「安価」になる解体工事の世界」（39頁）で詳しく説明しているため、そちらを参考に検討を進めてみてください。

依頼業者の決定と契約

比較検討の末、最も適していると感じた業者へ本契約を行います。契約の際には、念のために次のことを確認しておきましょう。

・解体工事の内容と工事範囲の再確認（現地に赴いて視覚的に確認する）
・解体費用の総額を再確認
・工事保険に加入していることの確認
・建設業許可（解）を持っているか、解体工事業の登録を済ませているかの確認
・追加工事が発生した場合の連絡の流れと、どのくらいかかるのかを確認
・着工日と工事にかかる日数の再確認
・近隣挨拶の範囲と内容を再確認
・官公庁への届け出を行ってくれるかを確認
・緊急連絡先を交換
・その他注意点、要望にお互い漏れがないかを確認

3　着工前の準備・届け出を行う

解体工事の契約が完了してからは、着工までに様々な準備が必要です。依頼主側が対応すべき事項はしっかりと確認しておきましょう。

解体前の片づけ

まずは解体業者と「どの範囲まで依頼主が片づけを行うか」をすり合わせる必要があります。先述の通り、残置物は依頼主自身で処分するほど費用を抑えられますが、残置物を残したままにしておくこと自体は問題ではありません。

問題は「解体業者の認識」と「依頼主の認識」にズレがあることです。業者と約束した分の片づけが終わっていないと、業者側の予定が狂って工事に遅延が発生しています。遅延が発生すると、業者に負担がかかるだけでなく、その分の費用が追加で発生してしまうため、双方の利益のために約束は守りましょう。

ライフラインの停止

着工前には電気やガスなどのライフラインを停止させるため、契約解除の手続を行います。

ただし水道だけは工事中に使用することがあるため、契約の継続をお願いされたり、停止してから業者名義で水道を利用したりします。

契約の時点でどのライフラインをいつまでに止めればよいか話し合っておきましょう。

一般に停止させるべきライフラインは次のものです。

・ガス
・電気
・水道
・浄化槽、便槽の汲み取り
・電話
・光ケーブルやケーブルテレビ

官公庁への届け出

解体工事を始める前には、官公庁へ工事の届け出をしないといけません。基本的には業者が代行してくれますが、契約の際に手続を行ってくれるかどうか確認しておきましょう。必要な届け出は次のものです。なお、提出期限に関しては自治体ごとに差異があるためご注意ください。

・建設リサイクル法の届け出（工事開始の7～14日前まで）
・解体工事計画の届け出（工事開始の7日前まで）

【近隣挨拶】

・アスベスト調査結果の届け出（工事開始の14日前まで）

近隣挨拶

着工の1～2週間前には、近隣への挨拶回りを行います。工事の時間帯や工期、注意事項などを事前に説明しておくことで、工事中のクレームやトラブルを減らせるためです。

挨拶回りは基本的に解体業者のみで行われますが、建て替えを予定されている方は業者と一緒に回ることをおすすめします。今後もその土地で暮らしていくにあたっては、近隣関係が重要になるためです。

そして、近隣挨拶の範囲は業者によって

【近隣挨拶の範囲例】

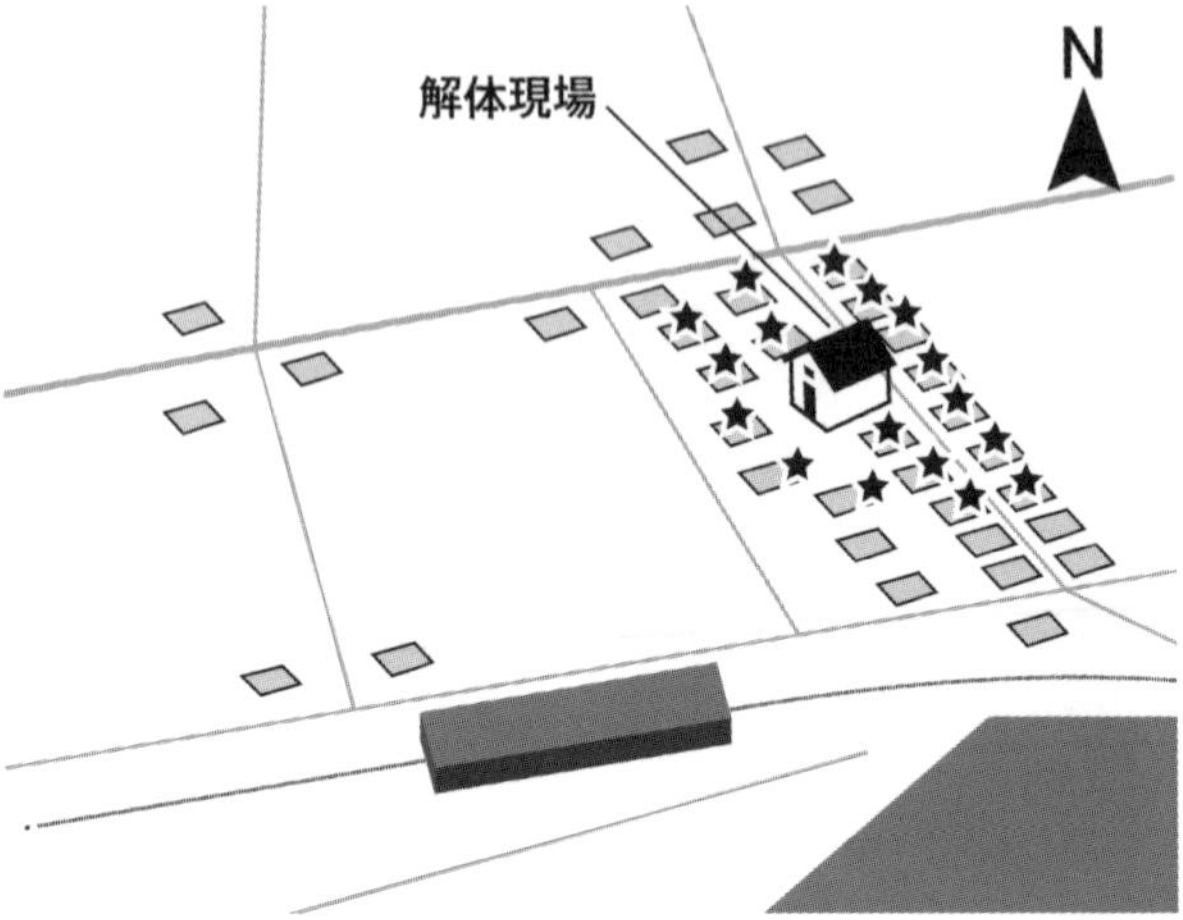

異なります。「向こう三軒両隣」（5軒〜）が基本ですが、少ない場合は2、3軒、多い場合は30軒以上行うこともあります。

挨拶前には、どの辺りまで挨拶回りをするのか業者とすり合わせをしておきましょう。その際には「○○さんとは以前トラブルがあったから特に配慮してほしい」など、伝えるべき近隣情報があれば共有しておくことが大切です。

なお、挨拶回りでは基本的に粗品を持っていくため、その粗品代が解体費用の諸費用に計上されることがあります。

ちなみに粗品として選ばれることが多いのは、タオルや洗剤などの消耗品（1000円前後）です。

第6章

解体工事の進め方②
着工から工事完了まで

解体工事の工程を把握する

第5章に続き、実際に解体工事が開始されてからの流れを解説していきます。

工事中、基本的に依頼主側がアクションを起こすことは少ないですが、解体工事がどういった工程で行われるのかは把握しておきましょう。

一般的には「着工準備」「解体作業」「最終確認と清掃」のすべてを合わせて5～11日程度の期間を要します。

※【】内は工程にかかる作業時間

1　着工作業

看板の設置【0日～】

解体工事の現場には必ず「建設業許可及び解体工事業登録」いずれかの看板を設置する義務があります。これは「解体工事をする資格があるかを証明するもの」であり、建設業法及び建設リサイクル法に基づいた規則になるため、設置しない場合は法令違反となります。建設業法で定められた、看板への掲示内容は次のものです。

【解体現場の看板表示】

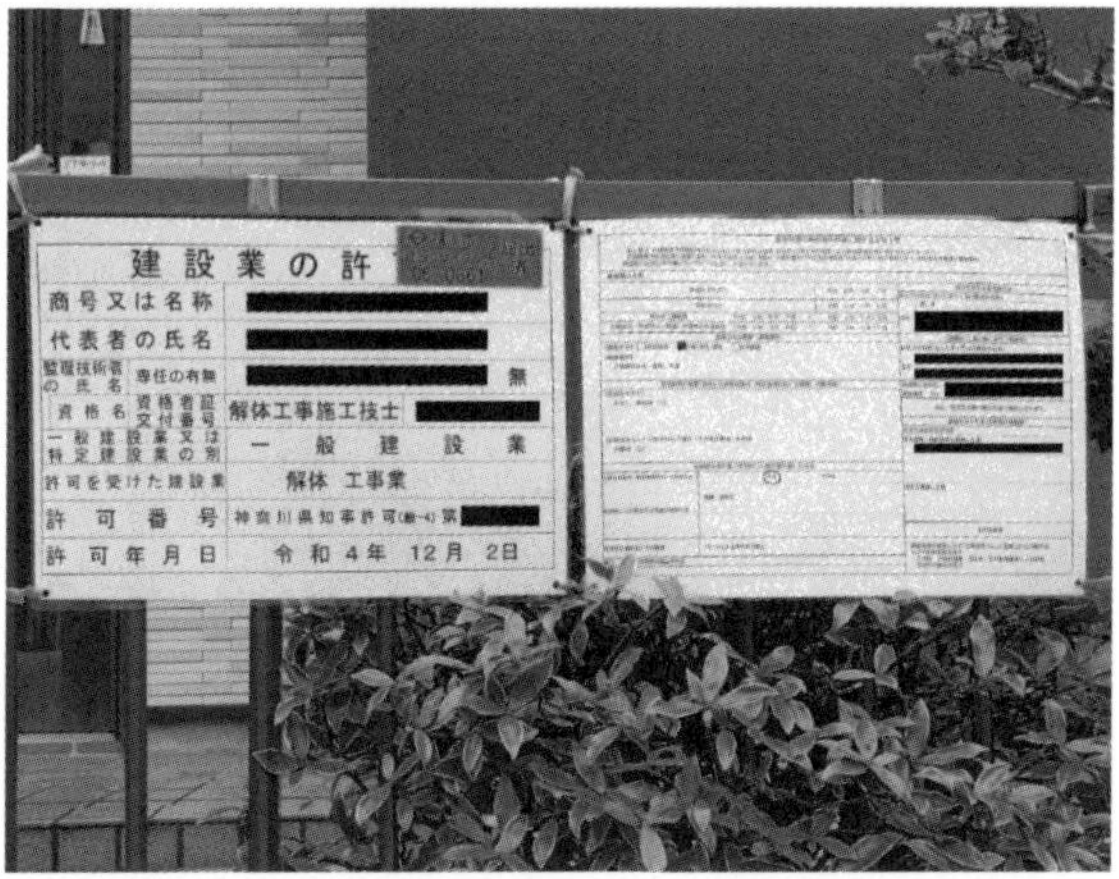

【看板への掲示内容】

・商号及び名称
・代表者の氏名
・主任技術者の氏名
・専任の有無
・資格名
・資格証交付番号
・一般建設業及び特定建設業の種別
・許可を受けた建設業
・許可番号
・許可年月日
・建退協加入証
・労災関係成立票
・施工体系図
・下請人に対する通知

・建設業退職金共済制度適用事業主の現場標識
・緊急連絡先

また、建物にアスベストが含まれている場合は「石綿使用状況の調査結果」の看板も設置する必要があります。これも石綿障害予防規則及び大気汚染防止法に基づいた規則になるため、設置しない場合は違法になります。

なお、法令に基づいた設置義務はありませんが「有資格者一覧」「建設リサイクル法の届出証明」「道路使用許可証」が記載された看板の設置も望ましいと言えます。それぞれが正当な解体業者であることの証明になるため、近隣や周囲への周知方法として有効です。

作業スペース・搬入経路の確保【0日～4日】

敷地内で重機を十分に動かすスペースや廃材の運搬車両を駐車するスペースがない場合、敷地の状況に応じてブロック塀や外構、庭木などを先に取り壊します。

なお、重機や作業員が敷地からはみ出して作業をすることは法令で禁じられています。必ず敷地内での作業が求められるため、スペースが不十分と判断されれば先にある程度の撤去作業を行います。

この作業は敷地や周辺環境によって大きく異なり、十分に重機が動かせる環境であれば必要ありません。

2　工事開始

足場組立・仮設養生の設置【1～2日】

工事が開始されたら、まずは足場組立・仮設養生の設置を行います。「足場組立」は、工事の高所作業において職人の安全を確保するために仮設足場を設置する作業のことです。

普通の木造家屋の場合は単管（パイプ）の足場を3～4面に設置するのが一般的です。

なお、足場組立には「足場の組立て等作業主任者」という国家資格が必要になります。

【作業スペース確保のための外構撤去】

「仮設養生」は、工事中の粉塵や騒音を防止するために必要な養生シートの設置作業を指します。

足場組立や仮設養生の作業がずさんになると、近隣や通行人とのトラブルに発展する可能性が高まるため、工事現場を見に行けるのであれば、この段階で現場確認しておくことを推奨します。

ちなみに「作業スペース・搬入経路の確保」の時点で重機解体が難しいと判明している場合は、この段階で手壊し工事を行います。手壊しの解体作業が行われた場合は工期が延びるため注意が必要です。

アスベスト含有塗料を除去する【5～11日】

建物の塗料にアスベストが含まれている場合は、このタイミングで除去されます。アスベストが外壁材などに含まれている場合は比較的撤去が容易ですが、塗料に含まれている場合は撤去作業が複雑になり難易度が上がります。アスベストの量や工法によって工期は前後し、最低でも5日程度はかかる作業となります。

まず、塗料撤去による飛散を防ぐため、剥離剤と呼ばれる粘度と湿度の高い液体を塗り、

【足場の組立】

【養生の設置完了】

【石綿含有塗材の撤去作業】

【石綿含有塗材の梱包】

アスベストを湿潤化させます。その後、工具のスクレーパーや金ブラシなどを使い、手作業でアスベストを除去していきます。また、飛散を防ぐために足場や養生も厳重かつ頑丈に設置する必要があるため、工期の長さも相まって費用は高額になる傾向があります。

住居設備・屋内残置物の撤去・内装の撤去【2～3日】

駆体を取り壊す前に建物の中を綺麗にし、建物を駆体のみにしていきます。

まずは屋内残置物の撤去です。基本的に依頼主と事前に約束した量の残置物であれば問題ありませんが、約束よりも量が増えている場合は想定作業時間を上回ることがあるので注意が必要です。

続いて住居設備の撤去です。キッチン、お風呂、トイレ、エアコンなど、駆体と一緒に取り壊せない設備を先に撤去しておきます。

最後に内装の撤去です。内装材、断熱材、窓ガラス、畳などの内装を撤去します。本工程はすべて手作業で行われ、かつ廃材は品目ごとに分別されるため、作業には2～3日を要します。

なお、この時に産業廃棄物の排出事業者となる解体業者は、産業廃棄物のマニフェス

【住宅設備の撤去】

【内装撤去・石膏ボード】

【屋根材の撤去】

トを発行します。

屋根材・外壁の撤去【1～2日】

建物の内部を綺麗にしたら、屋根材と外壁の撤去を行います。外壁は内装と同時並行で撤去作業をすることがありますが、屋根材は作業位置に高低差が生まれ危険が生じるため、同時に作業は行いません。

このタイミングは埃が飛散しやすい工程でもあるため、１つひとつ手作業で丁寧に撤去を行います。

特に屋根材に関しては、屋根上からトラックに瓦を投げ入れるなどの雑な作業を行ってしまうと、粉塵、騒音トラブルの危険性が高まるため注意が必要です。

なお、外壁建材にアスベストが含まれている場合は、このタイミングで撤去します。アスベストが飛散しないよう、外壁をそのまま手作業で外して処分をします。飛散防止の観点から梱包をしてトラックに積み込み、排出、運搬を行います。

アスベストの撤去作業は1～2日程度です。

駆体の解体・廃材の分別（搬出）【2～3日】

駆体以外をすべて撤去したら、いよいよ駆体の取り壊しに入ります。本工程が多くの方の想像する「解体工事」だと思われますが、実際には駆体を取り壊すまでに様々な工程を踏んでいるのです。

また、多くの方は重機で建物を一気に取り壊す「ミンチ解体」をイメージされるかもしれませんが、現代でその取り壊し方は基本的に違法になっています。

現代では廃材を「コンクリート」「アスファルト」「木くず」などの品目ごとに分別する「分別解体」が義務づけられており、本工程に多くの作業時間とマンパワーが必要になります。

また、本工程の作業時間は解体業者に所属する重機オペレーターの技術力に依存します。腕のよいオペレーターが作業を行っていればその分工期を短縮できるため、業者選び

【駆体の解体】

【廃材の分別積み込み】

【基礎撤去】

の際には評判や口コミを参考に注視したいポイントでもあります。

なお、この期間では重機を使い始めるため、急に振動や粉塵が発生します。

本工程に入る前に近隣への配慮を行っているかどうかで近隣トラブルの発生に影響するため、必要であれば近隣に挨拶を行っているか確認を入れましょう。

基礎撤去・地中埋設物撤去【半日〜2日】

建物の土台となる部分を「基礎」と呼びます。建物の駆体を取り壊し終わったら土台である基礎を撤去します。

基礎は大きく分けて「布基礎」と「ベタ基礎」があり、布基礎よりもベタ基礎のほうが頑丈で取り壊しづらく、工期も工費もかかってしまいます。木造建築において１９９０年代は布基礎が基本でしたが、「住宅の品質確保の促進等に関する法律」が２０００年代に制定されたことをきっかけに、より強固なベタ基礎が主流になっていきました。

そのため、古い建物を取り壊す際は布基礎が多く、より新しい建物を取り壊す際はベタ基礎である傾向が高いです。この観点で言えば、建築技術は年々進歩しており耐震性も上がりどんどん強固になっているため、時代が進めば進むほど解体工事は難しくなり、解体費用も高額になると言えます。

なお、基礎を撤去する際には地中埋設物の撤去も行います。地中埋設物はこの段階にならないと存在を確認することができないため、発掘された場合は撤去に追加費用が発生します。

外構の撤去【1～2日】

「作業スペース・搬入経路の確保」において取り壊さなかった外構の残りを撤去します。外構の対象となるのは「ブロック塀」「フェンス」「門柱」「カーポート」「物置」「花壇」「ウッドデッキ」などです。

外構撤去の作業は、敷地内の状況によって大きく異なります。大きな庭石や樹木がある場合は、専門業者による撤去が行われる場合もあります。

3　作業終了

整地・清掃【1～2日】

解体作業完了後に、更地を綺麗に整えることを「整地」といいます。工事で出た廃材の破片やガラを撤去し、土に増減があった場合は土を追加・撤去して平らに均します。

また、意図的に土地の高さを変えたい場合にも土を追加する必要があるため、業者に依頼をして整地時に土を追加してもらいましょう。

なお、自然石（通常の土に含まれるような小

【植木撤去】

【整地】

さい石）は基本的に撤去されないため注意が必要です。

業者はあくまで工事で出たガラを撤去するので、まっさらに綺麗な土地に仕上がると想像されている場合、現実とのギャップがあるかもしれません。

ただし、中には熊手などを使って小さい石まで細かく撤去する業者もいます。要望があるならそのような業者を探すか、工事前に要望をしっかり伝えましょう。

また、整地と共に現場周辺の清掃も行います。清掃の際には水を使用することが多いため、水道の解約は清掃終了後になるケースがほとんどです。なお、工事に使用する水道代も基本的に依頼主負担になります。

完工確認・現地立ち会い【1日】

整地が完了したら依頼主に現場写真が送られてきますが、仕上がりに関しては写真だけでなく現地での確認を推奨します。

依頼主と業者の間ですり合わせたことがちゃんと守られているか、食い違いが起きていないかを確認するには、写真だけの情報では不十分だからです。

例えば指定した境界を誤って認識していないか、近隣に傷は付けていないか、残してと言ったものはちゃんと残っているかなど、現場の状況を細部まで確認した上でＯＫを出しましょう。

また、工事が完了したら業者と立会日をすり合わせ、かつなるべく早く現場に立ち会うことが大切です。最も望ましいのは、工事前から工事完了日をすり合わせておき、完了日に立ち会いへ赴くことです。

なぜなら、解体工事が終わったら業者は重機などの機材や資材を引き上げるためです。長期間同じ現場に重機を置いておくのは現実的ではないため、仮に何か不備があってもすぐに対応できないことがあります。早めに現地の状況を確認し、何か要望があるなら重機が保有されているうちに伝えて対応してもらうことが望ましいです。

請求書発行

工事が完了したら、解体業者から解体費用の請求書が発行されます。請求書が到着次第、業者の指定に沿って支払いを行いましょう。依頼主の現地確認が遅れている場合、確認の旨を伝えなくても請求書が届くこともあります。

建物滅失登記の申請

解体業者からの書類が一通り揃ったら、建物滅失登記の申請を行います。申請は土地家屋調査士に代行してもらうことも可能ですが、依頼主自身で手続をしたほうが費用を抑えられます。

申請方法は第4章の「滅失登記の手続を依頼主側で行う」（113頁）をご確認ください。滅失登記の手続が完了したら、解体工事は無事終了となります。

解体の後に新築や土地活用を検討・予定している場合、本番はここから始まります。解体工事は目的ではなく、新たな人生のステップを進めるための手段なのです。

なお、解体業者によっては新築の外構工事や不動産会社の紹介、駐車場の施工などを請け負っている場合もあるため、優良な業者であれば相談してみるのもよいでしょう。

第5・6章のまとめ

①本当に解体工事が必要かどうか、あらゆる選択肢と比較して検討する。
関係者の総意として決定したら解体工事に取りかかる。

②工事前には依頼主側の認識を業者と綿密にすり合わせ手続等の責任区分も明確にしておく。

③整地後の立ち会いはなるべく早く現地で行う。事前の取り決めや約束が守られているかをチェックし、問題がないと判断してから工事後の手続を行う。

第7章

安心して依頼できる「優良解体業者」の条件とは

優良解体業者を見極める

解体工事に関する知識や流れを理解されたところで、最後に「どんな解体業者が優良なのか」を見極める基準をお伝えします。ご自身で解体業者を探される場合のチェックリストとしてご活用ください。

1　優良業者のチェックリスト18か条

相見積もりの比較検討では、正しい判断基準を基に考えることが大切です。優良業者を見極めるための基準を18か条にまとめましたので、他業者との比較材料にしてください。

優良業者の要件①：建設業許可（解）の保有または解体工事業の登録がされていること

「建設業許可（解）」と「解体工事業登録」は、ともに解体工事を行うことを認可された資格で、どちらか片方を保有していれば解体工事を行えます。

いずれも保有していない場合は違法工事になるため、まずは基本的な資格の確認を必ず行いましょう。

【優良業者のチェックリスト18か条】

	優良業者のチェックリスト18か条
✓	建設業許可（解）の保有または解体工事業の登録がされていること
✓	産業廃棄物収集運搬業許可を保有していること
✓	損害賠償保険に加入していること
✓	過去に違反歴がないこと
✓	実態のある会社であること
✓	有資格者が在籍していること
✓	計画する解体工事と同様の工事実績が豊富であること
✓	解体工事業が本業であること
✓	住宅会社や不動産会社からも仕事を請け負っていること
✓	建設リサイクル法の届出を代行してくれること
✓	見積金額、内訳項目それぞれの金額に根拠があること
✓	追加工事の対象や流れ・事例・目安等を説明してくれること
✓	近隣挨拶、近隣対策について具体的に内容を説明してくれること
✓	口約束ではなく、契約書を締結していること
✓	工事後にマニフェスト伝票のコピーなどを開示・提供してくれること
✓	連絡が取りやすい状態にあること
✓	毎日、工事終了後に清掃する習慣があること
✓	現地調査の対応に好感が持てること

なお、建設業許可で扱われる建設工事は29種類に分類され、建設業許可の中でも「29解体工事」の許可を得ている必要があります。資格保有の状況は、解体業者のホームページや国土交通省の検索システムで確認できます。

優良業者の要件②：産業廃棄物収集運搬業許可を保有していること

「建設業許可（解）」や「解体工事業登録」とは異なり、解体工事において必須の資格ではありませんが、「産業廃棄物収集運搬業許可」を所有していれば経歴や経営状況などの一定要件をクリアしているという点で安心できます。

「産業廃棄物収集運搬業許可」は解体工事で発生した産業廃棄物を収集運搬するための資格で、保有していない場合は他業者に委託することになり、中間マージンが発生します。

また、優良な解体業者は複数の処理場を活用することがあります。例えば「プラスチックはあの処理場が安い」「鉄はあの処理場で買い取ってもらえる」といった独自のルートがあり、現場ごとにどの処理場が最もコストを抑えられるかを判断しているのです。しかし資格を保有していないとその判断も他人任せになるため、コストカットがより難しくなります。

優良業者の要件③：損害賠償保険に加入していること

万が一、工事中に損害賠償が発生するような事故やトラブルが発生した場合に備えて、損害賠償保険に加入しているほうが安心です。

解体業者によっては保険に加入していないケースがあるため、事前に保険証書のコピーを見せてもらいましょう。その際は賠償の限度額を確認しておくと安心できます。

優良業者の要件④：過去に違反歴がないこと

解体業者が過去に法令違反を犯していないかどうかは事前に確認しておきましょう。業者に直接聞くのは憚られると思うので、インターネット検索の活用をおすすめします。

例えば国土交通省の「公共工事の指名停止情報」で検索を行えば、事故や不正行為を行ったことによる「指名停止措置」を受けていないか確認できます。

また、産業廃棄物処理事業振興財団の「許可取消処分情報」では、環境関連法違反や重大な過失による「許可取消」になっていないかを確認できます。

このようなネガティブチェックは重要な判断材料です。

【ネガティブチェック一覧】

ネガティブチェック情報等検索サイト 建設業者｜国土交通省

https://www.mlit.go.jp/nega-inf/

公共工事の指名停止情報｜国土交通省

https://www.ktr.mlit.go.jp/nyuusatu/index00000056.html

許可取消処分情報｜産業廃棄物処理事業振興財団

https://www2.sanpainet.or.jp/shobun/

優良業者の要件⑤：実態のある会社であること

名前だけが存在して実態のない会社、いわゆる「ペーパーカンパニー」に依頼をする際には注意が必要です。

解体工事の場合は、資材置き場や営業所を所有せず、マンションの一室などに会社を構える企業を指します。賃貸物件の一室に登記を構えている場合は、いつでも逃げられる体制にあることを忘れてはいけません。

契約後のトラブルを避けるためには、その会社に活動の実態・実績がしっかりと存在するのかを確認しておく必要があります。

優良業者の要件⑥：有資格者が在籍していること

「解体工事業登録」「建設業許可」以外にも、解体工事を行う上で所有しておくべき、あるいは所有しておいたほうがいい資格があります。その中でも必須に近いのが「解体工事施工技士」「石綿作業主任者」「建築物石綿含有建材調査者」であり、それぞれ1名以上は所有者が在籍していることを確認してください。

「解体工事施工技士」は、５００万円未満の解体工事を行うための解体工事業の登録及び、施工に必要な技術管理者になれる国家資格です。現場作業や監理における知識や技術の裏付けになるため、最低1名は所有していることが望ましいといえます。なお、中には従業員全員に取得させている業者も存在します。

「石綿作業主任者」と「建築物石綿含有建材調査者」は、アスベストの調査や作業、作業完了確認を行う上で必要になる資格です。現代ではアスベスト調査がどの解体工事でも必須となったため、解体業者自身が保有していてほしい資格の1つと言えます。

なお、これらを所有していない場合、アスベスト調査や除去は外部に委託する形となります。

優良業者の要件⑦：計画する解体工事と同様の工事実績が豊富であること

依頼をする上で、解体業者の工事実績は大切な要素です。ホームページを持っている業者であればページ上の公開情報を参考にしましょう。

ホームページを持っていない業者に対しては、過去の工事写真を直接見せてもらい、他社の現場と比較をしながら工事品質を判断していきます。

一般的な業者であれば解体工事中に経過写真を収めているため、「写真を見せられるか否か」も判断材料の1つになります。

優良業者の要件⑧：解体工事業が本業であること

建設業の傍らで解体工事を請け負っているのか、解体工事を専門に請け負っているのかを確認しておきましょう。

基本的には工事実績と事業内容、保有資格で確認します。「解体工事の実績が多いか」「主たる事業内容として解体工事を掲げているか」など、ホームページやヒアリング内容から判断しましょう。

建設業の傍らで解体工事を請け負っている場合、解体は一括して下請けに流している可能性があるため注意が必要です。

優良業者の要件⑨：住宅会社や不動産会社からも仕事を請け負っていること

必須条件ではありませんが、住宅会社（ハウスメーカー・工務店・設計事務所）や不動産会社から継続して依頼を請け負っている業者は、高い工事品質が期待できます。住宅会社に選ばれるということは、新築の前段階を任されているということ。

もし解体後の仕上がりが悪かったり、トラブルや不具合を起こしたりすれば新築の施工に影響が出てしまいます。そのため、住宅会社から信頼されているかどうかは、よい業者を見極める材料の1つになります。

優良業者の要件⑩：建設リサイクル法の届出を代行してくれること

建設リサイクル法の届出はほとんどの場合で解体業者が代行してくれますが、契約前に一応確認しておきましょう。

工事の遅れが発生するトラブルを防ぐことに繋がります。

優良業者の要件⑪：見積金額、内訳項目それぞれの金額に根拠があること

現地調査後に出してもらう見積書の項目が、詳細に書かれていることは非常に重要なポイントです。項目の内訳が詳細に書かれているということは、「どの工程にいくらかかかるか」を誤魔化さずに伝えているということ。

内訳項目に対して詳細を伝えられない業者は依頼主にとって大きなリスクがあるためご注意ください。詳細を追及しても誤魔化される場合は依頼を避けるのが無難といえます。

優良業者の要件⑫：追加工事の対象や流れ・事例・目安等を説明してくれること

追加工事はどの解体業者でも発生し得るものですが、追加工事に関する説明や追加工事発生後の対応には大きな差があります。そのため、依頼主に対して真摯に対応してくれる業者を選ぶようにしましょう。

契約前には「追加工事が発生したらどうなるか」を聞いておき、具体的な説明がある

かを確かめてください。その際に、「うちは追加費用は絶対に発生しません」などと言い切る業者は信頼性に欠けるため注意が必要です。

優良業者の要件⑬：近隣挨拶、近隣対策について具体的に内容を説明してくれること

解体工事の契約前に、近隣への挨拶や対策について具体的に話してくれる業者を選びましょう。

「近隣挨拶はどのタイミングで何回行うか」「何軒先まで回ってくれるか」「実際にトラブルがあった場合はどう対応してくれるか」などの質問に対して具体的な回答が得られれば、普段からしっかりと挨拶回りを行っている裏付けになります。

優良業者の要件⑭：口約束ではなく、契約書を締結していること

解体業者の中には、口約束のまま解体工事の契約を行う業者もいます。契約書を介さない依頼は「言った言わない」のトラブルが発生する原因になるため、契約書は必ず締結しましょう。

実際にあったトラブル事例として、「追加費用は一切発生しない」と契約した後に80万

円の追加費用を請求された上、「そんな約束はしていない。支払わなければ廃材はそのまま置いていく」と脅されるようなケースも確認されています。

特に大事な点は口約束ではなく、しっかりと契約書に明記をしてもらいましょう。

優良業者の要件⑮：工事後にマニフェスト伝票のコピーなどを開示・提供してくれること

マニフェストは、産業廃棄物を正規に取り扱うことを示したものです。これを依頼主に開示してくれることで、不法投棄の心配なく工事を依頼できます。

そのため、契約前に「工事後にマニフェストの伝票コピーをください」と伝えて、快諾してくれる業者を選びましょう。

優良業者の要件⑯：連絡が取りやすい状態にあること

連絡の取りやすさは非常に重要なポイントです。折り返し電話の際は基本的に当日中、遅い時間であれば翌日に折り返す業者が誠実といえます。

気になったことがあったり、トラブルが発生したりした際に迅速な対応を取ってくれる業者を選びましょう。

また、現地調査後の見積書送付がいつまで経っても送られてこなかったり、何度も催促が必要になったりする業者は、その時点で避けるのが無難です。工事が始まってもレスポンスが遅く、いざというときに対応が遅れる可能性があります。

優良業者の要件⑰：毎日、工事終了後に清掃する習慣があること

一般的な解体業者は、工事期間中に毎日清掃を行います。

工事現場前の道路が土や廃材で汚れていると近隣からの印象が悪くなってしまうため、「ちゃんと毎日清掃をしてくれるか」は事前に確認しておきましょう。

優良業者の要件⑱：現地調査の対応に好感が持てること

最終的には、依頼者と解体業者とのフィーリングも重要になります。現地調査などでやり取りを重ねる際に「工事や現場における注意点などを話してくれる」「細かい言動から顧客に対する気遣いを感じる」「質問への回答に誠実さを感じる」など、依頼主自身が業者に好印象を抱くかどうかも大切です。

具体的な要件を満たしている上で、依頼者がコミュニケーションを円滑に取れるか、

話しやすいかといった感覚的な部分も重要な判断材料にしてください。

2　解体業者一括見積サイトの上手な使い方

最後に、見積手配を代行する「解体業者一括見積サイト」の正しい利用方法についてご紹介します。「解体業者に依頼するコツはわかったけど面倒なことが多すぎる」とお悩みの方は参考になさってください。

解体業者一括見積サイトの落とし穴

解体業者の相見積もりをすることで、悪徳業者へ工事を依頼してしまうリスクの排除、無用なトラブルの回避、そして解体費用の削減といった、解体工事を行う人にとって絶対に外せないポイントを押さえることができます。

しかし、だからといって闇雲に見積もりを取得することには手間やリスクが生じます。

そこで近年増えているのが「解体業者の無料一括見積サービス」の存在です。私たち「あんしん解体業者認定協会」が一括見積サービスを開始した２０１１年には稀有な存在でしたが、現在では多くのサービス母体が運営されています。

ただし、一括見積サービスもそれぞれの特徴や活用方法を理解していないと、思わぬ失敗やトラブルに見舞われてしまいます。

実際当協会には、一括見積サービスで紹介された解体業者に依頼してトラブルを起こされた方や、納得いかない高額な追加費用請求に困り果ててご相談をくださる方がいらっしゃいます。

一括見積サービスの落とし穴の1つとして、「一企業が運営しているから大丈夫！」と安心してしまう点があります。

「運営元が解体業者じゃない」「大きな会社だから安心できる」と感じる方もいらっしゃいますが、そう単純な仕組みではありません。

一括見積サービスの範囲や内容を把握したうえで選ばないと、思わぬ失敗をしてしまいます。

解体業者一括見積サイトの仕組みには種類がある

解体業者の一括見積サイトには、大きく分けて3つの種類があります。

・解体費用シミュレーション型

解体ユーザーがインターネット上で概算費用をシミュレーションできるのが特徴。解体ユーザーがシミュレーション金額に納得した場合にはそのまま業者紹介依頼ができ、サイト側はシミュレーション金額で解体ができる解体業者を募り、希望する業者が参加するという仕組み。

概算金額で工事計画が進められてしまうケースがあるため注意が必要。大まかな金額を知りたい場合には、手軽で使い勝手のよいサービス。

・業者紹介型

サイトに依頼のあったお客様情報を解体業者に伝達し、解体業者から直接お客様の元へ連絡が入る仕組み。サイトそれぞれの基準で精査された解体業者へ、手軽に一括見積依頼ができる。とにかくシンプルであることが特徴。

紹介後のサポートは最小限に留まるため、解体ユーザーが解体業者に直接問い合わせた場合と比べ、手間は対して変わらない。

・伴走支援型（サポート型）

解体業者の紹介だけでなく、工事完了までお客様をサポートするのが特徴。

解体工事が初めての方、不安なく進めたい方、周囲に相談者がいない方が実際に解体工事を行う場合に適した仕組みで、解体完了まであらゆる相談が可能。

当協会が運営する「解体無料見積ガイド」は伴走支援型にあたる。解体工事に慣れた方だと、サービスを過剰に感じてしまうことがある。

以上が、大まかに分けた一括見積サービスの種類と特徴です。一括見積サイトが行うサービスイメージとの乖離が生まれないよう、そのサイトがどんな支援を行ってくれるのかをしっかりと確認しておきましょう。

解体業者一括見積サイトも比較検討するべき

一括見積サービスの工事完了までのサポートが充実していないと、ご自身で業者に直接依頼した場合と比べて手間も安心感もさほど変わりません。初めて解体をされる方であれば、専門的な知識や経験が豊富な相談相手が居ると非常に心強いです。手前味噌ですが、私たちは伴走支援型の一括見積サービスをおすすめします。

とはいえ伴走支援型の運営者がこのようにお伝えしても、単なる宣伝・アピールだと思われるかもしれません。そのため、一括見積サービス選びで迷った場合は複数の一括見積サイトに問い合わせたり、見積依頼をしたりして、サービス内容を比較してみるのも有効手段です。百聞は一見に如かず。実際に問い合わせをした上で一番安心して、かつ妥当だと思う金額の業者に依頼しましょう。

業者選びと同じく、一括見積サイトも最後に重要となるのはフィーリングの相性です。「対応に好感が持てるかどうか」「安心して任せられると思えるか」を軸に考えてもいいかもしれません。

解体業者一括見積サイトのよしあしを見極めるポイント

最後に、一括見積サイトを見極めるための手軽なポイントを3つご紹介します。

①登録解体業者の審査基準が説明されているか
②サイト利用者数だけではなく、工事契約実績は豊富か
③サービス利用者の評価と口コミ内容

この3点を確認するだけでも、一括見積サービスを選びやすくなります。

もしも、解体工事に関して本書では解決できない、不安があるという方は、当協会が

【解体無料見積ガイド】

QR コードをスマートフォンのカメラ
で読み込んでいただくと
「解体無料見積ガイド」へアクセスできます。

解体工事に関するご相談を無料で承っております。
お気軽にご相談ください。

運営する「比べてあんしん最安値　解体無料見積ガイド」へお気軽にご相談ください。

当協会は「すべてのお客様に『あんしん』な解体工事を」を理念に、解体業界の透明化を目指して活動しています。

２０２４年６月時点で、11万人以上の方のご相談を承り、ご紹介業者の契約実績は１万７０００件以上となりました。（２０２３年 12月期　指定領域における市場調査　調査機関：日本マーケティングリサーチ機構）

また、当協会はその活動や実績を認められ自治体と協定を結んだり、国土交通省の空き家対策モデル事業に採択されたりもしています。

当協会と協会スタッフは、これまでの経験で培った知識を駆使し、全ての解体工事にお困りの方と伴走させていただくことをお約束します。

【解体工事費用の概算シミュレーター】

QR コードをスマートフォンのカメラ
で読み込んでいただくと
「解体費用シミュレーター」へアクセスします。

地域や建物情報を入力して解体費用をシミュレーションできます。
電話番号・メールアドレス等の登録不要で利用可能です。

【中野達也からのご挨拶】

少しでも、身近に感じてもらうために
ご挨拶の動画をご用意しました。

私共に相談するには今ひとつ信用できない、
と思われる方もいらっしゃるかもしれません。
こちらの動画で中野の人となりが伝われば幸いです。

おわりに

本書は、解体工事を依頼する全ての方へ向けて、失敗しない解体業者選びのもと、笑顔で終われる解体工事をしてほしいという想いで出版を決めました。

解体ユーザー様にとって満足度・納得感の高い解体工事が増えることで、優秀な解体業者さんがスポットライトを浴び、日の目を見る。それによって優良な業者さんが活躍し、業界全体の実態やイメージが向上すれば、私にとってこれほど喜ばしいことはありません。そのような未来が1日でも早く訪れるように今後も精進してまいります。

この度の出版は、本当に多くの方の助力や後押しがあり実現しました。

解体工事のいろはを教えてくださった金子洋二社長（神奈川県平塚市の解体業者）をはじめ、かねてよりご協力くださった全国の優秀な解体工事会社の社長様、従業員の皆様。

解体工事を終えた後、親族や知人に当協会をおすすめしてくださるお客様。当協会の活動を応援してくださるお客様。また、もっと上手に宣伝して多くの人に知ってほしいと背中を押してくださるお客様。

学に乏しく、人に伝えるのが得意でない私のために、休息や睡眠を削り、原稿の執筆に協力してくれたスタッフの稲垣くん。

そして、本書で得る印税（収益）の使い道について、「日本社会のために全額を寄付したい」という申し出に、満場一致で承諾してくれた当協会スタッフ。

また、本書を世の中に出すお手伝いをくださった出版会社、担当の皆様。


この場を借りて心より感謝を申し上げます。ありがとうございます。


本書が解体にお困りの方の役に立ち、微力ながらも社会に貢献できることが、私の心からの願いです。本書を手に取っていただいたすべての方へ、心より感謝を申し上げます。

解体工事に馴染みのない方でも、分かりやすくまとめさせていただいたつもりです。取り壊される建物に想い入れが深い方も、そうでない方も、参考にしていただければ幸いです。

本書で得る印税の寄附について

この書籍の収益は、認定NPO法人グッドネーバーズ・ジャパンが実施する食品支援事業「グッドごはん」に全額、寄付いたします。

貧困によって食に悩んでいる子どもは国外のみならず、日本国内でも十分に食事を摂れていない家庭があるという実情がございます。

日本の未来でもある子どもたち。

「この世界に助けてくれる人たちがいた」という経験と記憶が、いつか社会や人の役に立ちたいという原動力に変わることを願い、寄付という形でより良い社会を築く循環の一助になれればと考えております。

中野　達也

著者略歴

中野　達也（なかの　たつや）

1985年3月18日生まれ。静岡県静岡市出身。一般社団法人あんしん解体業者認定協会理事。解体工事業の技術管理者であり、解体工事施工技士を保有。

静岡の私立学校を卒業後、自動車整備専門学校で２級自動車整備士の資格を取得。専門学校卒業後は静岡三菱自動車販売株式会社に入社し、その後は引越会社を経て解体工事業に従事。2011年に解体業者紹介センターを鈴木佑一と共に創設。それを発展させるかたちで、2013年に一般社団法人あんしん解体業者認定協会を設立し、理事に就任。現在は主にマーケティング部門を担当している。

◎一般社団法人あんしん解体業者認定協会について

解体業者紹介センターを前身とし、中野と鈴木佑一（現代表理事）が2013年に設立した組織。

「すべてのお客さまに『あんしん』な解体工事を」という理念のもと、解体工事を計画するすべての方が安心して依頼できるよう、解体工事に関する様々な疑問にお答えする無料相談窓口を開設している。また、優良解体業者を認定し、お客様のご希望に応じてその業者を紹介する活動も無料で行っている。

協会の主な活動は、解体業者の認定と紹介や解体工事に関する相談のほか、業者や費用、補助金など解体に関する情報の発信も行っている。また、空き家問題の解消に向けた事業にも力を入れており、自治体と連携して解体工事に関する啓蒙活動、市場調査などを積極的に行っている。なお空き家事業に関しては、令和５年度の国土交通省「空き家対策モデル事業」にも採択されている。

執筆協力：稲垣　瑞稀（いながき　みずき）

知るだけで100万円安くなる！
令和版・解体工事の新常識

2024年10月28日　初版発行　　2025年3月24日　第２刷発行

著　者　中野　達也 © Tatsuya Nakano

発行人　森　　忠順

発行所　株式会社 セルバ出版
〒113-0034
東京都文京区湯島1丁目12番6号 高関ビル5B
☎03（5812）1178　FAX 03（5812）1188
http://www.seluba.co.jp/

発　売　株式会社 三省堂書店／創英社
〒101-0051
東京都千代田区神田神保町1丁目1番地
☎03（3291）2295　FAX 03（3292）7687

印刷・製本　株式会社丸井工文社

●本書の内容に関する質問はFAXでお願いします。

Printed in JAPAN
ISBN978-4-86367-924-5